목소리로 세상을 두드리는

성우

목소리로 세상을
두드리는

성우

김지혜 지음

VOICE ACTOR

TALK SHOW

"
인생을 돈벌이에만 집중하는 것은
야망의 빈곤을 보여주는 것이다.
너 스스로에게 너무 적은 것을 요구하는 것이다.
야망을 가지고 더 큰 뜻을 이루고자 할 때에야
비로소 진정한 자신의 잠재력을
실현할 수 있기 때문이다.
"

- 버락 오바마 Barack Obama -

"
가지고 있는 어떤 재주든 사용하라.
노래를 가장 잘하는 새들만 지저귀면
숲은 너무도 적막할 것이다.
"

- 헨리 반 다이크 Henry Van Dyke -

C·O·N·T·E·N·T·S

C·O·N·T·E·N·T·S

성우가 되면

소리로 만드는 세계

성우 김지혜의
프러포즈

PROPOSE

성우를 꿈꾸는 여러분

이렇게 펜을 드니 처음 저를 찾아왔던 성우 지망생 J의 눈망울이 또렷이 기억나네요. 저를 바라보는 눈빛에는 선망과 함께 나도 할 수 있다는 의지와 희망이 실려 있었죠. 그 눈빛이 어찌나 맑고 사랑스러웠던지, 저는 J에게 모든 것을 쏟아붓고 싶다는 생각이 들었어요.

처음 성우를 꿈꾸었던 초등학교 2학년 때 저 눈빛 역시 그러하지 않았을까요? 그 누구보다 강렬했던 의지 덕분에 성우가 되는 어려운 길을 포기하지 않고 끝까지 갈 수 있었던 것 같아요.

그래서 저를 찾아오는 많은 지망생들 가운데 가끔 이런 강렬한 눈빛을 마주할 때면, 마치 과거의 저를 보는 것 같아 행복한 느낌이 들어요. 무엇이든 간절히 하고 싶은 일이 있고, 그 일에 온 마음을 쏟는다는 것은 그 자체로 큰 행복이기 때문이죠.

그렇기 때문에 어떤 일을 간절히 이루고자 하는 사람은 그 과정이 아무리 고되고 험난하더라도 행복하게 나아갈 수 있어요. 만약 지금 하는 일이 그저 힘들기만 하다면, 자신이 정말 그 일을 간절히 원하는지, 그 일에 온전히 몰두하고 있는지 진지하게 되돌아볼 필요가 있어요.

연기 공부는 제대로만 한다면 인생과 사람, 그리고 자신을 알아가는 매우 뜻깊은 과정이에요. 그중에서도 성우 연기는 영화, 만화, 드라마, CF 등 다양한 매체에 등장하는 수많은 인물의 내면을 자신의 목소리를 통해 전달하는 매력적인 작업이죠. 마치 자신이 영화와 애니메이션의 등장인물이 되고, 광고 속 주인공이 되는 것과 같아요.

현실에서는 불가능한 일들이 영화나 애니메이션에서는 얼마든지 펼쳐지잖아요. 성우는 이러한 세계를 매일 경험하며 살아가는 셈이니, 얼마나 흥미롭고 즐거울까요? 더욱이 이처럼 즐겁게 연기하면서 경제적인 보상까지 얻을 수 있으니, 이보다 더 매력적인 직업이 있을까 싶어요.

하지만 이처럼 다채로운 인물을 연기하는 성우가 되기 위해서는 다양한 삶의 모습을 이해하고 수많은 감정에 공감할 수 있는 역량을 갖춰야 해요. 나아가 자신의 목소리를 통해 그 인물의 영혼을 고스란히 전달하는 전달자가 되어야 하죠. 이는 결코 쉬운 일이 아니지만, 그렇기에 더욱 보람 있고 가치 있는 일이 아닐까, 생각해요.

성우는 단순히 예쁘게 말하는 사람이 아니라, 건강한 목소리로 생각과 영혼을 담아 말하는 사람이에요. 성우를 꿈꾸는 여러분, 목소리에 영혼과 메시지를 담아 전달할 수 있도록 노력해 보세요. 분명 지금 활동하는 성우들보다 훨씬 더 훌륭한 성우로 성장할 수 있을 거예요.

첫인사

 토크쇼 편집자

김 성우 김지혜

편 선생님, 안녕하세요.

김 안녕하세요.

편 먼저 선생님 소개를 부탁드려요.

김 저는 KBS 성우 김지혜입니다.

편 방송으로만 듣던 성우 목소리를 실제로 들으니 신기해요. 처음 만나는 사람들은 다들 놀랄 것 같은데 반응이 어때요?

김 성우라고 밝히기 전에는 별다른 반응이 없다가, 나중에 제가 성우라는 걸 알게 되면 다들 목소리가 유난히 다르다고 이야기해요. 신기해하고, 목소리가 귀에 쏙쏙 박힌다는 얘기도 많이 하더라고요.

편 성우를 하신지는 얼마나 되셨나요?

김 1998년 1월에 대교방송 3기 성우로 입사했다가 바로 다음 해인 1999년에 KBS 27기 성우로 다시 입사를 했으니까 성우로 활동한 지는 20년이 넘었네요.

편 이 직업을 선택한 이유가 있으신가요?

김 사실 저는 초등학교 2학년 때부터 성우가 꿈이었어요. 어렸을 때 부모님이 동화책 전집을 사주셨는데, 동화책을 읽어주는 녹음테이프가 함께 들어있었죠. 그 테이프를 들으며 책 읽어주는 성우 목소리에 매료되었어요. 책을 아름답고 멋지게 읽는 성우 목소리에 감동을 받아 따라 읽는 습관이 생겼고, 나도 크면 책을 멋지게 잘 읽는 성우가 되고 싶다고 생각했어요.

편 청소년들에게 이 직업을 프러포즈하는 이유는 뭔가요?
김 성우는 정말 특별한 직업이에요. 취미와 직업이 일치하는 직업이죠. 많은 사람들이 자신이 좋아하는 일을 하며 살길 바라지만, 실제로 좋아하는 일을 하면서 돈을 버는 직업을 갖고 있는 사람은 많지 않아요. 대부분 직업은 돈을 벌기 위한 수단으로 선택하고, 하고 싶은 일은 주로 취미생활에서 찾고 있죠.

하지만 성우는 내가 하고 싶은 일을 즐기면서 돈도 벌 수 있는 그야말로 직업과 취미가 일치된 특별한 직업이라고 할 수 있어요. 일을 하면서 스트레스가 풀린다고나 할까요? 이렇게 즐겁게 일하면서 수입도 좋은 직업이 있다는 걸 미래를 만들어갈 청소년들에게 알려주고 싶어요.

또한, 성우라는 직업에 관심을 갖고 있는 청소년들에게 성우가 어떤 일을 하는 직업인지 구체적으로 소개하고. 실제 현장에서 일어나는 이야기들을 생생하게 들려주고 싶어요.

성우란

성우라는 직업에 대해 소개해 주세요.

편 성우라는 직업을 한마디로 표현한다면 뭐라고 생각하세요?

김 성우는 영어로 Voice Actor, 한자로는 聲優(소리 성, 넉넉할 우)라고 해요. 즉, 영어로는 목소리 연기자, 한자어로는 목소리가 넉넉하다, 훌륭하다는 의미를 지녀요. 이 두 가지를 종합해 보면, 성우는 '목소리가 훌륭한 연기자'라고 할 수 있을 거예요. 저는 이 정의가 성우를 가장 정확하게 나타내는 표현이라고 생각해요. 성우는 배우이고, 특히 다양한 인물을 목소리로 표현하는, 목소리가 훌륭한 배우인 거죠.

진로 체험 현장에서 중·고등학생들에게 성우가 뭐라고 생각하는지 물어보면, 대부분 '책을 잘 읽는 사람'이라고 대답해요. 무엇을 읽어준다는 생각을 많이 하는 것 같아요. 그 외에 '목소리가 좋은 사람', '발음이 정확한 사람'이라고 답하는 때도 있고요. 하지만 성우는 단순히 무엇을 잘 읽는 사람이 아니라, 목소리로 수많은 역할을 소화해 내는 연기자예요.

성우는 어떤 일을 하나요?

편 성우는 구체적으로 어떤 일을 하나요?

김 요즘 아이들은 잘 모르겠지만, 과거에는 성우들이 라디오 드라마나 외화 더빙을 주로 했어요. 그 외에도 애니메이션, 온라인 게임 캐릭터 더빙, 동화, e-러닝, 광고, 각종 홍보물, 내비게이션 안내, 교통수단 안내방송, 기계음, 사내 방송 등 다양한 분야에서 성우의 목소리를 들을 수 있어요. 최근에는 유튜브, 연극, 뮤지컬 등 새로운 영역으로 활동 범위를 넓혀가고 있죠.

편 방송국 일이 가장 많은가요?

김 방송국 외에도 외부 녹음 스튜디오에서 많은 작업이 이루어지고 있어요. 극장판 애니메이션은 물론, 크게 성장한 게임 시장 덕분에 이 분야의 일도 많고요. 게임 캐릭터는 애니메이션에 기반한 경우가 많고, e-러닝이나 교육용 교재도 캐릭터 중심으로 제작되는 추세이기 때문에, 애니메이션 더빙 성우들이 게임이나 교재 녹음 분야에서도 활동하는 경우가 많아요.

방송국에서도 라디오 드라마를 제작하지만, 제작 편수는 많지 않은 편이에요. KBS의 경우 여러 라디오 채널을 통해 매

주 7~8편의 라디오 드라마를 제작하고 있고, 장애인 방송, 국제방송, 한겨레 방송 등에서도 라디오 드라마를 찾아볼 수 있어요.

하지만 이마저도 점차 감소하는 추세예요. 현재는 온라인 플랫폼에서 제작 및 송출되는 웹소설 기반 오디오 드라마가 더욱 활발하게 제작되고 있고, 높은 인기를 얻고 있죠. 인기 오디오 드라마는 높은 조회수와 두터운 팬덤을 형성하고 있어, 향후 발전 가능성이 높다고 생각해요.

또 과거에는 외화 방송이 많이 편성되었기에 외화 더빙도 많았지만, 지금은 방송국에서 외화 방송을 예전만큼 하지 않아 외화 더빙 작업이 많이 줄었어요. 예전에는 기내 상영 영화 더빙이 외화 더빙의 주를 이루었으나, 최근 넷플릭스와 같은 유료 채널들이 모든 영화에 더빙 서비스를 제공하면서 영화 더빙 작업이 증가하는 추세죠. 더빙과 자막 중 선택할 수 있도록 서비스를 제공하는 것은 매우 바람직하다고 생각해요. 자막을 읽는 데 어려움을 느끼는 시청자들에게도 영화를 편히 감상할 권리가 보장되어야 하니까요.

성우의 활동 영역이 넓어 보이는데,
왜 '설 자리가 없다'는 말이 나올까요?

편 성우의 활동 영역이 넓어 보이는데, 현실적으로는 왜 '설 자리가 없다'는 말이 나올까요?

김 일자리는 많지만, 성우들의 숫자는 그보다 더 많이 늘어났어요. 최근 몇 년간 KBS, EBS, 대원방송, 투니버스, 대교방송 등 주요 방송사에서 꾸준히 성우를 선발해 왔고, 신인 성우들의 진출 또한 매년 이어지고 있어요. 정년이 없는 직업 특성상 활동 성우의 수는 계속 증가하는 반면, 일감은 한정되어 있어 전체적으로 일거리가 줄어든 것처럼 느껴질 수밖에 없어요.

일이 없다고 하는 성우 중에는 일반 직장인의 정년퇴직 시기에 해당하는 연령대의 성우들이 상당수예요. 성우라는 직업은 퇴직이라는 게 없으니, 고령의 성우들은 일거리가 줄었다고 체감할 수밖에 없죠. 이는 신인 성우의 꾸준한 유입과 외화 더빙의 감소, 그리고 애니메이션 더빙의 증가라는 시장 변화에서 기인해요. 외화는 중장년층의 목소리에 대한 수요가 높지만, 애니메이션은 주요 소비층이 젊은 세대이므로 20대 젊은 성우들의 신선한 감각을 더 선호하는 경향을 보이죠.

애니메이션 더빙을 주로 하는 친구들은 굉장히 바빠요. 하루에 몇 편씩 녹음하거든요. 케이블 채널은 애니메이션을 24시간 내내 방송하잖아요. 그러니 아무래도 일이 많을 수밖에 없죠.

일거리가 줄어들었다고 느끼는 또 하나의 이유는 예전엔 성우들만 했던 다큐멘터리 해설이나 더빙을 요즘은 일반 배우나 가수, 아나운서 등 성우가 아닌 분들도 많이 참여하고 있기 때문이에요. 그리고 쇼 오락 프로그램에서 중요한 역할을 했던 성우 멘트가 언제부터인지 자막으로 바뀌면서 성우 멘트가 많이 사라졌죠. 그래서 이 분야의 일들은 실제로 줄어든 게 사실이에요.

🔵편 노인 역할은 연세 있는 분들이 하지 않나요?

🔴김 그렇긴 하지만 애니메이션의 등장인물 자체가 젊은 층이 80% 정도를 차지하고, 나머지 20% 중에 할머니나 할아버지, 엄마, 아빠가 잠깐 등장해요.

반면 외화에는 중년층도 많이 등장해요. 그리고 외화에 등장하는 외국 연기자들은 외모가 성숙해 보이기 때문에 목소리도 성숙한 소리가 잘 어울려요. 너무 어린 목소리는 외화에 등장하면 화면에 있는 인물의 얼굴이랑 소리가 잘 안 맞거든요.

편 어린 목소리는 왜 외화에 어울리지 않나요?

김 왜냐하면 외국 배우들이 조숙해 보여서 그래요. 우리나라의 10대에 비해 외국 10대들은 더 나이 들어 보이잖아요. 그리고 외국 배우들은 목소리가 허스키한 경우가 많아요. 맑은 목소리가 별로 없어요. 그러다 보니 어린 목소리는 외화랑 어울리지가 않는 거죠. 연륜이 묻어나고 성숙한 목소리들이 외화와 잘 어울리는데 문제는 외화가 예전만큼 많지 않다는 거죠.

현역에서 활동하는 성우들이 얼마나 되나요?

편 현역에서 활동하는 성우들이 얼마나 되나요?

김 글쎄요. 현재까지 배출된 성우는 약 천 명 정도 될 거예요. 이 중 현재 활동하지 않는 원로 성우들을 제외하면, 활발히 활동하는 성우는 300~500명 사이가 아닐까 싶어요.

성우는 대부분의 나라에 있는 직종인가요?

편 성우는 대부분의 나라에 있는 직종인가요?

김 네. 다른 나라들도 자국어를 보호하기 위해 수입된 영화들을 자국어로 더빙하여 방송하고 있어요. 특히 애니메이션은 더빙하지 않고서는 완성할 수 없기 때문에 성우라는 직업은 어느 나라나 있죠. 〈미세스 다웃파이어〉라는 영화를 보면 남자 주인공 로빈 윌리엄스가 만화를 더빙하는 성우로 등장해요. 이렇게 미국도, 유럽도, 아시아도 모두 성우라는 직업이 있어요.

외국의 성우들은 처우가 어떤가요?

편 외국의 성우들은 처우가 어떤가요?

김 일본의 경우 방송사에서 성우를 채용하지 않기 때문에 가수나 탤런트처럼 기획사와 에이전시에서 성우를 뽑아요. 기획사에서 자체 오디션을 통해 성우를 뽑아 교육을 시키죠. 잘하는 교육생은 기획사에서 스타 성우로 키워주기도 하고요. 이러한 시스템 덕분에 일본에서 활동하는 성우들은 비교적 좋은 환경에서 활동하고 있죠. 그 외에 미국이나 유럽은 배우와 성우를 겸하는 경우도 있고, 성우만 전문으로 하는 경우도 있는데, 그 처우에 대해서는 잘 모르겠네요.

성우라는 직업의 장점은 무엇인가요?

편 성우라는 직업의 장점은 무엇인가요?

김 요즘 사람들이 가장 원하는 일 중 하나는 취미와 직업이 일치하는 것이죠. 직업을 갖고 싶은데 그게 내가 하고 싶은 일이었으면 좋겠다는 얘길 많이 해요. 그런 관점에서 볼 때 성우는 요즘 사람들이 원하는 직업이죠. 그게 최대의 장점이에요.

제 주위 사람들을 보면 다들 직업이 있지만 그것과는 별개

야외 무대 낭독 공연

로 취미를 따로 가져요. 왜냐하면 직업은 돈을 벌기 위한 수단일 뿐이고, 색다른 재미를 느끼지 못하니까요. 그래서 여가 시간에 레포츠를 즐기거나 낚시를 하기도 하죠.

저에게 성우라는 직업은 보수를 안 받아도 하고 싶은 일이에요. 너무 재밌으니까요. 취미 중에 제일 하고 싶어 하는 취미죠. 그런데 그것으로 돈도 벌 수 있으니 정말 이보다 더 좋을 수는 없죠. 취미와 직업이 일치할 수 있는 직업이에요.

저의 경우 연기하는 것 자체가 어떻게 보면 스트레스를 풀러 가는 거예요. 당장 내일 녹음이 있다고 하면 빨리 내일이 왔으면 좋겠고, 하는 동안 즐겁고, 스트레스도 풀리고, 그러면서 돈도 벌 수 있는 거죠.

성우라는 직업의 단점에 대해 알려주세요.

편 성우라는 직업의 단점에 대해 알려주세요.

김 성우는 제작자로부터 캐스팅이 되어야 일을 할 수 있어요. 일을 많이 하고 싶어도 내 맘대로 할 수가 없죠. 캐스팅이 되려면 제작자가 원하는 실력을 갖추고 목소리 톤이 맞아야 하는데, 그게 쉽지가 않아요. 끊임없이 노력해서 자기 자신의 실력과 능력을 계속 업그레이드해야 하죠. 그렇지 않으면 일거리가 없을 수도 있어요.

또 프리랜서다 보니 직위 자체가 없고, 그래서 아무리 경력이 쌓여도 직위가 올라가지 않아요. 예전에는 몰랐는데 나이가 들다 보니 직위나 명예 같은 것이 중요하기도 하더라고요. 사회적인 위치라든가 남들이 나에게 불러주는 호칭 같은 것들도 무시 못 하잖아요. 그런데 나이가 들수록 일도 점점 줄어드는데, 사회적인 직위도 없으니까 생활이 자유로운 반면에 그런 점은 프리랜서의 아쉬운 부분이 아닐까 싶어요.

요즘 성우 연기의 추세는 어떤가요?

편 요즘 성우 연기의 추세는 어떤가요?

김 탤런트나 영화배우, 개그맨들의 연기도 그렇지만 성우 연기도 유행이 있어요. TV 드라마를 보면 아시겠지만 요즘 젊은 친구들의 연기와 중년 연기자들의 연기는 좀 달라요. 요즘 친구들은 확실히 더 감각적이고, 훨씬 더 리얼해요. 꾸밈이 없어요. 추세가 계속 그런 쪽으로 가는데 성우 연기도 마찬가지예요.

라디오 드라마 연기도 TV 드라마나 영화처럼 자연스럽고 리얼하게 하는 추세예요. 성우 연기라고 해서 목소리에 힘주면서 멋지게만 하지 않아요.

애니메이션의 경우도 마찬가지고요. 애니메이션이라고 해서 만화처럼 연기하지 않아요. 최대한 자연스럽게 실사처럼 연기하는 게 요즘 추세예요. 보통 성인 여자 성우가 여자아이나 남자아이 역할을 하는데, 최대한 진짜 아이가 하는 것처럼 자연스럽게 하려고 노력해요.

심지어 아이 역할을 성인 여자 성우가 하지 않고 실제 아이를 캐스팅하기도 해요. 지금은 과장된 연기보다 자연스러운 연기를 선호하기 때문이에요. 그래서 많은 성우들이 좀 더 리얼하고, 좀 더 자연스러운 캐릭터를 표현하기 위해서 노력하죠.

이렇게 달라지는 연기 추세는 성우 공채 시험에서도 그대로 적용돼서, 신입 성우를 채용할 때 부자연스럽거나 과장되게 연기하는 사람은 채용하지 않아요. 애니메이션의 캐릭터에 잘 부합되면서도 연기나 감정이 자연스러워야 해요.

몇 년 안에 달라지는 트렌드를 예상해 본다면요?

편 몇 년 안에 달라지는 트렌드를 예상해 본다면요?

김 먼저 방송 환경의 변화를 얘기하지 않을 수 없어요. 방송 환경이 변화함에 따라 프로그램 제작 방식이 바뀌고, 성우의 역할 또한 변화하기 때문이죠.

라디오 드라마의 경우, 부활을 위해 다양한 시도가 이루어지고 있어요. 예를 들어 웹툰이나 인기 애니메이션을 라디오 드라마로 제작하여 온라인에서 판매하는 방식이에요. 실제로 얼마 전 이러한 방식으로 판매가 이루어졌고, 매우 좋은 반응을 얻었다고 해요.

또한 KBS 라디오국에서는 자체 제작한 라디오 드라마를 방송하는 것뿐만 아니라 팟캐스트에 올려 젊은 세대와의 소통을 확대하려는 노력을 기울이고 있는데, 이는 앞으로 라디오 드라마의 새로운 흐름을 형성할 가능성이 있어요.

한편, 최근 쇼 오락 프로그램에서는 멘트가 줄어들고 자막이 그 자리를 대신하는 경향이 나타나고 있어요. 이러한 변화 속에서 최근 방영된 〈흑백요리사〉는 성우의 멘트로 프로그램 진행을 이끌었어요. 이는 매우 이례적인 시도였죠. 이러한 변화가 일시적인 유행인지, 지속적인 흐름으로 자리 잡을지는 단정 지을 수 없어요. 대중의 반응에 따라 변화는 반복될 수 있고, 새로운 시도가 나타나기도 하므로 현재는 사라진 요소가 향후 부활할 가능성도 있어요.

애니메이션 분야를 살펴보면, 디즈니나 픽사 애니메이션이 국내에 들어오면서 어린이 역할을 실제 어린이가 더빙하기 시작했어요. 미국에서는 어린이 역할을 성인이 연기하지 않거든요. 이러한 해외 제작사의 요구에 따라 국내에서도 어린이가 더빙을 맡게 된 거죠.

물론 어린이들은 아직 발음이나 연기력이 미흡한 부분이 있어 성우 교육을 받은 소수의 어린이만이 제작에 참여하고 있지만, 시청자들의 반응이 나쁘지 않아서 앞으로 어린이나 청소년의 참여가 점점 많아지지 않을까 싶어요. 이미 어린이 청소년 성우라는 새로운 직업이 많이 알려졌고, 많은 아이들이 어린이 성우를 꿈꾸며 성우학원의 문을 두드리고 있어요.

또 다른 새로운 흐름은 성우들이 다양한 분야에서 활발하게 활동하고 있다는 점이에요. 최근 방송사에 입사한 성우 중에는 가수, 뮤지컬 배우, 영화배우, 아나운서 등 다양한 경력을 가진 이들이 많아요. 그러다 보니, 전속 성우가 끝난 후에도 성우 활동과 더불어 이전 분야의 활동을 병행하는 사례가 늘어나고 있어요.

　예를 들어, 최근 TV 예능 프로그램에서 활발히 활동했던 서유리 후배는 대원방송 성우로 입사한 후 현재 방송에서 다방면으로 활동하고 있어요. 그 외에도 노래를 잘하는 남자 성우 다섯 명이 그룹을 결성하여 앨범을 내기도 했고요. 또한, 유튜브 채널을 개설하여 상당한 구독자 수를 확보한 유튜버로 활동하는 성우들도 있어요. 강수진, 홍시호 선배님이나, 남도형 후배 등이 대표적인 예죠.

　장광 선배님은 영화에 출연하며 영화배우로 인기를 얻고 있어요. 뽀로로 목소리로 유명한 이선 선배님은 연극배우로 활발하게 활동하고 있고요. 이처럼 많은 성우들이 성우 활동뿐만 아니라 다양한 분야로 활동 영역을 확장하고 있어, 앞으로는 직업 간 경계를 넘나드는 활동이 이어질 것으로 생각해요.

미래에도 성우가 필요한 직업인가요?

편 미래에도 성우가 필요한 직업인가요?

김 네. 미래에도 성우는 분명히 필요한 직업이라고 생각해요. 애니메이션뿐만 아니라 다양한 영상 콘텐츠를 소리 없이 즐기지 않는 한, 성우는 절대 없어지지 않는 직업일 거예요. 더 나아가 미래에는 성우의 영역이 더욱 확장되고, 다른 직업과의 경계가 허물어질 거로 예상돼요.

예를 들어, 최근 1인 방송이 활성화되면서 성우, 배우, 아나운서, 리포터 등 다양한 분야의 사람들이 자신의 채널을 운영하며 직접 콘텐츠를 제작하고 있어요. 이들은 PD, 엔지니어, 작가의 역할까지 겸하며 시청자와 소통하고 있죠. 성우 역시 진행, 리포팅, 취재, 편집 등 다양한 능력을 갖춘다면 더욱 경쟁력을 갖출 수 있을 거예요.

편 로봇이 사람을 대체하는 시대가 온다고 하는데 성우도 그럴까요? 로봇에 비해 어떤 경쟁력을 가지고 있나요?

김 제 생각엔 로봇이 아무리 발달하고 정교해진다고 해도 인간의 희로애락을 표현하는 감정 연기를 대체하기는 어려울 거

로 생각해요. 인간의 감정은 상황, 개인의 성격, 관계 등 다양
한 요인에 따라 끊임없이 변화하고 복합적으로 작용하잖아요.
화가 나지만 참고, 참지만 눈물이 나고, 웃지 않으려는데 갑자
기 웃음이 터져 나오는 게 인간의 감정이죠. 로봇이 이러한 미
묘한 감정의 변화를 느끼고 표현할 수 있을까요? 저는 절대로

투니버스 김신우 성우와 낭독 공연

할 수 없다고 생각해요. 물론, 내레이션의 경우에는 로봇이 잘 전달할 수도 있겠지만, 연기는 로봇이 대체하기는 매우 어렵지 않을까 생각해요.

성우의
세계

성우만의 독특한 삶의 방식이 있나요?

편 성우만의 독특한 삶의 방식이 있나요?

김 확실히 구별되는 생활방식이나 패턴이라고 할만한 것은 없지만 성우들만이 가진 독특한 사고방식은 있는 거 같아요. 저도 성우들끼리만 있을 때는 잘 몰랐어요. 그러다 다른 직업군들의 사람들과 만나다 보니 확실히 다른 점이 있더라고요.

성우들은 100% 프리랜서이면서 어떻게 보면 모두 개인 사업자거든요. 그래서 경쟁 구도에 익숙해 있어요. 능력이 없으면 당연히 도태되어야 하고, 내 능력만큼 버는 게 당연하다는 사고방식을 가지고 있죠. 이런 약육강식의 논리가 몸에 완전히 배어있다 보니 직장에 다니는 사람들과는 많이 다를 거예요.

살아남기 위해 자신의 재능을 끊임없이 갈고닦으며 치열하게 살아가는 것은 당연한 일이에요. 성우가 되기 위한 방송국 시험부터 그 경쟁은 매우 치열하죠. 방송사마다 차이가 있지만, 보통 300대 1에서 500대 1의 경쟁률을 뚫어야 해요. 또한, 성우가 된 이후에도 원하는 배역을 얻기 위해 끊임없이 실력을 키우고 노력해야 하고요.

한마디로 프로의식이 몸에 배어있어요. 아무리 몸이 아프고 힘들어도 프로라면 견디고 일어나 방송을 해야 한다는 생각을 갖고 있거든요. 아마도 대부분의 프리랜서들은 그렇지 않을까 싶어요.

또 하나, 성우들만의 특색이라면 직업 자체가 표현하는 직업이다 보니 솔직하고 꾸밈없는 성격을 가지고 있어요. 어떻게 보면 순진할 정도로 계산적이지 못하죠. 계산적이면 연기를 잘할 수가 없거든요. 연기라는 것이 감정으로 하는 일이다 보니 자신의 감정을 숨기거나 억누르면 안 돼요.

그래서 대체로 성우 일을 오래 하다 보면 감정이 점점 더 풍부해져서 별거 아닌 일에도 웃고 우는 등 감정 기복이 심해지기도 하죠. 남 앞에서 자신의 감정을 너무 가감 없이 드러내서 잘 모르는 사람들은 이상하게 쳐다보기도 하고요. 목소리도 남들보다 볼륨이 큰 데다 감정 표현도 크고 정확하게 하니 일반 사람들과 함께 있으면 분명 달라 보이긴 하는 것 같아요.

시간이 날 때는 어떤 일을 하나요?

편 시간이 날 때는 어떤 일을 하나요?

김 직업상 여유 시간이 많지는 않지만, 세간의 화제가 되는 드라마나 영화는 꼭 챙겨 봐요. 출연 배우들의 연기를 보면서 공부도 하고, 요즘 연기 트렌드에 뒤처지지 않으려고 노력해요. 전체적인 줄거리를 보면서 '저 장면에서는 저 배우가 저렇게 연기하는구나!'하고 관찰하죠. 요즘 배우들의 표현 방식도 보고, 어떤 식으로 해석해서 어떻게 감정이 표출되는지도 살펴보며 머릿속에 담아둬요.

작가들이 그런다고 하더라고요. 주변에 누가 무슨 이야기를 하면 그걸 수첩에 잘 기록해 뒀다가 나중에 소설이나 드라마를 쓸 때 에피소드에 응용한다고 해요. 그런데 저희 같은 연기자들은 주변 사람들의 말투나 성격, 감정 표현 같은 것들을 잘 봐 두었다가 나중에 연기할 때 그 말투나 성격들을 꺼내 쓰는 거죠.

한마디로 전쟁에 나가는 군인들이 총알을 장전해 놓는 것과 비슷해요. 머릿속에 많은 캐릭터가 담겨 있지 않으면 어떤 배역이 주어졌을 때 꺼내 쓸 수 있는 인물이 많지 않아서 폭넓은 연기를 하기 힘들거든요. 그래서 드라마나 영화를 볼 때도 스토리보다는 배우의 연기나 감정선에 더 집중해서 보게 돼요.

성우들은 평소에도 과장된 표현을 하나요?

편 성우들은 평소에도 과장된 표현을 하나요?

김 주변에 표현이 좀 큰 사람들이 있잖아요. 음식이 조금만 맛있어도 '와! 이거 정말 끝내주게 맛있네.'라고 하는 사람, '오늘 날씨 진짜 덥지 않냐? 죽을 뻔했어.'라는 사람, 물건을 샀는데 좋으면 사방팔방 선전하는 사람들 말이에요.

성우 중에는 그런 성향을 가진 사람들이 많아요. 그런 성향을 원래부터 지녔다기보다는, 성우라는 직업을 통해 정확한 표현을 구사하는 훈련을 하다 보니 점차 그런 성향으로 변해가는 것이 아닌가 싶어요.

그런데 그렇게 감정을 과장하여 표현하는 데에는 자신의 감정이 옳다는 확신과 자신감이 바탕에 깔려있어요. 어떤 음식을 먹고 정말 맛있다고 느끼면, 그 확신에서 비롯된 과장된 표현이 나오거든요.

자기 생각을 적극적으로 표현하지 않는 사람들의 내면을 살펴보면, '내 생각이 틀릴 수도 있다'고 여기며 자기 생각에 확신이 없는 경우가 많아요. 자신은 맛있다고 생각하지만, 다른 사람의 입맛에는 맞지 않을 수도 있다고 생각하면 과장된 표현을 하기가 어렵죠.

　다시 말해, 성우들의 과장된 표현에는 자기 생각에 대한 확고한 믿음이 자리하고 있어요. 이러한 확신은 연기에서 필수적으로 갖춰야 할 요소이므로, 연기 경력이 쌓일수록 자연스럽게 형성되는 부분이기도 해요. 배우가 자신이 연기하는 대사에 대한 확신이 없다면 제대로 된 연기를 펼칠 수 없거든요.

훈련으로 좋은 목소리를 낼 수 있나요?

편 훈련으로 좋은 목소리를 낼 수 있나요?

김 좋은 목소리란 달리 말하면 흠결이 없는 목소리라고 할 수 있어요. 목소리의 흠결에는 소리가 약하거나, 쉽게 갈라지거나 뒤집어지거나, 작게 들리는 등의 문제가 있을 수 있죠.

따라서 좋은 목소리는 이와는 반대로 크고 울림이 있으며, 듣는 이에게 잘 전달되는 건강한 목소리라고 할 수 있어요. 간혹 자신의 목소리가 마음에 들지 않는다며 문의하는 분들이 있어요. 사실 목소리는 원하는 대로 스타일링이 가능하므로, 선천적으로 성대에 문제가 없다면 원하는 색깔로 만들 수 있어요.

물론 목소리마다 타고난 특징은 있어요. 목소리는 굵기와 높낮이로 간단히 나눌 수 있는데요, 소리가 굵은 사람과 가는 사람이 있고, 톤이 높은 사람과 낮은 사람이 있어요. 이러한 특징은 성대와 발성 근육의 형태에 따라 결정돼요. 사람의 얼굴이 모두 다르듯, 성대의 모양 또한 조금씩 다르기 때문이에요.

하지만 발성법을 바꾸거나 근육을 조절하여 성대의 형태를 변화시키면 소리를 달라지게 할 수 있어요. 굵은 음색을 가늘게 낼 수도 있고, 가는 소리를 굵게 만들어 낼 수도 있어요. 또 낮은 톤이라도 가성과 호흡 조절을 활용하면 높은 톤의 소리도 낼 수 있어요. 이처럼 발성 훈련을 통해 목소리를 변화시킬 수 있고, 자신만의 목소리 이미지도 만들 수 있죠.

그렇기에 성우들이 일인 다역을 할 수 있는 거겠죠. 어린 아이부터 노인까지 다양한 목소리를 만들어 연기하는 것은, 목소리 변형이 불가능하다면 실현할 수 없는 일일 거예요. 다시 말해, 좋은 목소리는 타고나기도 하지만, 후천적인 노력으로 충분히 만들어 낼 수 있어요.

목소리 관리는 어떻게 하나요?

편 건강관리도 중요할 것 같아요.

김 성우들의 경우 건강에 신경을 많이 써요. 성우뿐만 아니라 노래하는 사람이나 체육인처럼 신체를 이용하는 직업을 갖고 있는 분들은 거의 다 그렇겠죠.

소리는 몸이 건조하면 좋지 않아요. 특히, 성대가 건조하면 소리가 갈라지거나 퍽퍽해지죠. 몸에 수분이 충분해야 목소리도 윤택하고 촉촉해져요. 그래서 물을 많이 마셔야 해요. 그리고 아침마다 홍삼 같은 건강식품, 영양제 등을 많이 챙겨 먹고요. 몸에 좋다는 음식들도 많이 먹죠.

저 역시 처음부터 건강을 챙겼던 건 아니에요. 그런데 이젠 챙길 수밖에 없어요. 일단 몸이 좋지 않으면 녹음이 안 되거든요. 목소리가 건조하면 소리가 갈라지고, 허스키한 목소리는 바로 녹음에 지장을 주기 때문이죠.

또 감기라도 걸리면 녹음을 할 수 없기 때문에 일을 쉬어야 하고요. 배탈이 나서 기운이 없으면 소리가 나오지 않기 때문에 역시 녹음을 할 수 없어요. 소리가 잘 나오지 않으면 그야말로 스트레스가 엄청나죠. 그래서 건강관리는 필수예요.

목소리가 건강하고 촉촉하게 나오려면 수분을 자주 섭취하고, 담배를 피우지 않는 등 건강관리에 신경을 많이 써야 해요. 저는 담배는 안 피우는데 술은 좀 즐기는 편이에요. 다행히도 숙취가 별로 없어 다음 날 큰 지장은 없어요. 지장이 있으면 못 먹죠.

편 목소리를 푸는 특별한 방법이 있나요?

김 성우들은 첫 타임으로 오전 10시 이후를 선호해요. 거의 모든 성우들이 이른 아침에는 일정을 잡지 않죠. 아무래도 아침에는 소리도 잘 안 나오고, 목도 잘 안 풀리니까요.

목소리를 풀기 위한 각자 나름의 방법이 있는데 저는 아침에 발성 연습으로 가볍게 노래를 한다거나 허밍을 많이 해요. 그리고 꼭 아침을 먹어요. 아침을 먹는 건 배가 고프지 않게 하기 위해서라기보다는 목소리에 에너지를 주고 윤택하게 만들어주기 위해서예요. 음식물이 목을 통해 넘어가면서 성대를 윤기 있게 만들어주고 배를 든든하게 해줌으로써 소리에 힘을 줄 수 있게 해주는 거죠.

목을 풀 때 조심해야 할 건 절대 목에 무리가 가면 안 된다는 거예요. 초보자들이 목을 잘못 풀다가 목이 상하거나 쉴 때도 있는데, 그건 발성 연습을 하지 않는 것만 못하죠. 그리고 사실 제일 중요한 건 평소의 건강 상태예요. 왜냐하면 소리는 건강하고 직결되어 있거든요. 어제 잠을 못 잤다거나 몸 상태가 안 좋다거나 하면 나오는 소리가 다르고, 나오는 에너지가 달라요.

성우의 목소리는 늙지 않나요?

편 성우의 목소리는 늙지 않나요?

김 인체의 여러 기관 중 가장 노화가 늦게 오는 부분이 성대라고 하더라고요. 예전에 핸드폰이 없었던 시절에는 집 전화로 가족을 찾는 전화가 오면 아들과 아빠의 목소리를 구분하지 못하거나, 엄마와 딸의 목소리를 구분하지 못해서 웃지 못할 해프닝이 벌어지곤 했었죠. 목소리는 잘 늙지 않아 목소리만으로 나이대를 구분하기는 어렵기 때문이에요.

그래서 나이가 들어서도 어린아이 역할을 연기하는 성우들도 많아요. 인기 애니메이션인 〈짱구는 못말려〉에서 짱구 역을 맡은 박영남 선배님 같은 경우는 지금 연세가 70이 넘으셨어요. 이 사실을 알면 아이들이 깜짝 놀라죠.

사실 목소리 자체가 나이가 든다기보다는 말투나 속도에서 변화가 와요. 나이가 들면 살짝 톤이 낮아지고, 어미를 길게 발음하면서 전체적으로 말의 속도가 느려지게 돼요. 그래서 말투로 나이가 들었다는 걸 알 수 있게 되는데, 성우들 같은 경우는 여러 역할을 많이 하다 보니, 말투의 변화가 일반인들보다는 천천히 오는 것 같아요. 목소리에 실리는 에너지도 일반

인들보다는 좀 더 강하기 때문에 더 젊은 소리를 유지하는 것 같기도 하고요.

성우대회 심사 (소연, 강수진, 송대선 성우)

연기자의 연기와 성우의 연기는 어떻게 다른가요?

 연기자의 연기와 구별되는 점이 있나요?

 첫 번째 다른 점은 연기자는 대사를 외워서 연기하고, 성우는 대사를 외우지 않고 대본을 보면서 연기를 한다는 점이에요. 언뜻 들으면 연기하는 데 있어서 별 차이가 없어 보이지만, 아주 큰 차이가 있어요.

TV 연기자는 대본의 대사를 모두 외우고, 연기할 때 실제 장소에서 배역에 맞는 분장을 하고, 상대 배역과 리얼하게 연기하기 때문에 연기가 자연스럽게 잘될 수 있는 상황이 만들어지죠.

하지만 성우는 대사를 외우지 않고, 대본을 눈으로 확인하며 연기해야 해요. 더욱이 장소도 실제 상황에 부합하는 곳이 아닌 스튜디오 안, 마이크 앞에 서 있는 공간이죠. 예를 들어 전쟁 장면을 연기해야 할 경우, 성우는 스튜디오를 전쟁터로 상상해야 하고, 대본을 읽으면서도 마치 즉흥적으로 떠올린 대사처럼 자연스럽게 연기해야 해요.

다시 말해, 성우의 연기는 상상력에 기반한 연기라고 할 수 있어요. 스튜디오 안을 다른 장소로, 외우지 않은 대사를 암기한 대사처럼, 그리고 상대 배우와 실제로 호흡을 맞추는 것처럼 상상해야 하는 거죠.

두 번째 다른 점은, 일반 배우들은 특정 장면을 촬영하기 위해 대사를 외우고 분장도 하고, 배역에 맞는 의상을 착용한 후, 촬영 장소에서 여러 달에 걸쳐 공을 들여 촬영하는 반면, 성우는 단 몇 시간 만에 영화 한 편 전체의 더빙을 완료한다는 점이에요.

예를 들어 장례식 장면 직후 파티 장면을 더빙해야 한다면, 슬픔에 잠긴 목소리에서 흥겨운 목소리로 순식간에 바꿔 연기해야 해요. 이러한 작업에 대해 외부에서는 '단순히 흉내만 내면 되는 것 아니냐'고 생각할 수 있지만, 단순한 흉내로는 제대로 된 연기가 안 되거든요. 실제 감정을 담아 연기해야 하죠.

매우 빠른 순간에 감정이 몰입되었다가 빠져나오고, 또 다른 감정으로 바뀌어야 해요. 즉, 순간적으로 극에 몰입해야 하죠. 신입 성우들은 이런 점을 특히 어려워해요. 저 역시 익숙해지기 전에는 매우 힘들었어요. 감정 몰입이 빠르게 안 되니까 연기가 자연스럽지 않고 단순히 대본을 읽는 수준인 거예요.

그래서 처음에는 선배들의 모습이 너무 신기했어요. 즐겁게 이야기하다가 갑자기 눈물을 흘리니까요. 이런 순간적인 감정이입 능력은 바로 성우만이 가진 고도의 기술이자 일반 배우의 연기와 차별화되는 지점이죠.

성우들은 일인다역을 해야 하나요?

편 성우들은 일인다역을 해야 하나요?

김 네. 성우 시험 자체가 아역부터 노역까지 다 해야 합격이 가능하거든요. 아역 한 가지만 잘해서는 시험에 붙을 수가 없어요. 성인 역할도 해야 하고, 노역까지 해야 하죠. 그러므로 기본적으로 변성이 되어야 하고, 다양한 소리를 만들 수 있어야 해요.

예전에는 타고난 목소리만으로도 성우가 될 수 있었지만, 지금은 뛰어난 연기력까지 갖춰야 해요. 물론 타고난 음색이 뛰어나고 연기력까지 겸비한 경우도 있지만, 이는 매우 드문 경우예요. 현재는 단 하나의 역할만을 전문적으로 맡는 것보다 다양한 역할을 소화할 수 있는 '일인다역' 능력이 더 중요하게 요구되죠.

편 특정 연령대의 연기만 잘해서는 안 되나요?

김 성우 A는 아역부터 노역까지 다양한 연령대를 소화할 수 있지만, 성우 B는 아역 연기에 특화되어 있어요. 만약 제가 PD라면 여러 역할을 소화할 수 있는 A를 선택할 거예요. PD들은 효율성을 중시하기 때문에 한 명의 성우로 다양한 캐릭터를 표현할 수 있기를 기대하죠. 따라서 다양한 연기를 할 수 있어야 성우 시험에 합격할 수 있어요.

성우대회 심사

기억에 남는 전설적인 캐릭터가 있나요?

편 기억에 남는 전설적인 캐릭터가 있나요?

김 지금 아이들은 잘 모르겠지만, 예전에 제가 성우가 되고 싶었던 청소년기에 인기가 많았던 미국 드라마 〈맥가이버〉에서 맥가이버 역할을 맡았었던 성우 배한성 선배님이 기억에 남네요. 그땐 정말 맥가이버 열풍이었죠. 맥가이버 역할을 연기했던 배한성 선배님도 최고 인기 성우가 되었고요.

그 이후에 〈X-파일〉에서 스컬리와 멀더 역할을 했던 성우 서혜정 선배님과 이규화 선배님도 전설적인 캐릭터로 아직까지 사랑받고 있죠.

애니메이션 쪽에서는 지금까지 아이들의 우상인 〈짱구는 못말려〉의 짱구 역할을 하고 있는 박영남 선배님 역시 전설적인 분이에요. 오래전부터 애니메이션의 남자 이역 주인공을 도맡아 하셨죠. 연세가 70이 넘으셨지만 타고난 남자 아역 목소리와 말투를 갖고 있어서 누구도 그 아성을 깨뜨리기가 쉽지 않죠.

또 예전에 〈키트〉라는 영화에서 키트 역할을 했던 성우 이정구 선배님도 많은 사람들에게 사랑을 받았죠.

더 예전으로 거슬러 올라가 TV에서 외화 시리즈가 굉장한 인기를 끌었을 때 활동하셨던 분들은 대부분 대중들의 사랑을 많이 받았던 거로 기억해요. 저 역시 그분들의 열혈 팬이었고요.

성우 배한성 선배님과 후배들과 함께

성취감을 느끼는 순간이 있나요?

편 성취감을 느끼는 순간이 있나요?

김 성우 일을 하는 대부분의 순간 성취감을 느껴요. 이 성취감은 타인으로부터 얻어지는 건 아니에요. 내가 맡은 배역에 대한 연기, 혹은 표현이 내 생각대로 잘 되었을 때 엄청난 성취감이 느껴지죠.

아마 대부분의 예술 계통 일들이 그럴 거예요. 소설가가 어떤 소설을 완성했을 때나, 작곡가가 음악 한 곡을 완성했을 때 성취감을 느끼는 것처럼, 성우도 영화 한 편의 더빙을 끝냈을 때나 라디오 드라마 녹음을 마쳤을 때 성취감과 카타르시스를 느끼죠.

그런데 만약 녹음한 작품이 대중에게 인기를 얻게 되면 그와는 다른 또 다른 성취감을 느끼게 되는 것 같아요. 대중의 피드백은 성우로서의 보람을 느끼게 해줘요. 더빙한 작품이 인기를 얻어서 팬들이 생기게 되면 성취감, 보람뿐 아니라 더 열심히 해야겠다는 책임감도 생기는 것 같아요.

2024 KBS
브랜드 어워즈
대상 수상

목소리로 세상을 두드리는
성우

성우가
되는 방법

성우가 되는 방법을 알려주세요.

편 성우가 되는 방법을 알려주세요.

김 한국성우협회의 정회원이 되어 성우로 활동하려면 각 방송사의 성우 공채에 합격해야 해요. 현재 KBS, EBS, 투니버스, 대원방송, 대교방송에서 성우 공채를 진행하고 있지만, 매년 채용하는 건 아니에요. 방송사마다 채용 주기가 다르고, 2~3년에 한 번씩 채용하는 곳도 있죠. 최근 방송 환경의 변화로 인해 공채 일정은 유동적이므로, 각 방송사 홈페이지를 수시로 확인하여 공고를 놓치지 않는 것이 좋아요.

편 공채에 합격하면 성우가 되는 건가요?

김 각 방송사의 공채 성우 모집에 응시해 합격하면 2년간의 전속 생활을 해요. 2년 동안 방송사의 소속 성우로서 활동하고 나야 한국성우협회의 정회원으로 등록되는 거예요. 그렇게 되면 정식 프리랜서 성우로서 다양한 활동을 할 수 있어요.

편 정회원으로 등록하지 않고 활동하는 성우들도 있나요?

김 대한민국에서 공식적인 성우로 인정받기 위해서는 한국

성우협회 정회원으로 등록되어야 해요. 공채 시험을 거치지 않고 개인적으로 성우 활동을 하는 사람들을 일반적으로 '언더그라운드 성우'라고 부르는데요. 한국성우협회 규정상 정회원은 언더그라운드 성우와 함께 작업할 수 없기 때문에, 애니메이션 더빙이나 외화 녹음과 같은 대규모 작업에 참여하기 어려워요.

또한, 협회의 보호를 받지 못해 공정한 대우를 받지 못하거나 부당한 일을 당해도 해결하기 어려운 경우가 많아요. 즉, 성우협회 정회원이 아닌 경우 안정적인 성우 활동을 기대하기는 어렵죠.

공채 시험은 어떻게 보나요?

편 성우 시험은 어떻게 보나요?

김 KBS는 라디오 드라마 단문과 내레이션, EBS는 애니메이션 단문과 내레이션을 중심으로 성우 공채 시험을 진행해요. 지원자는 주어진 단문을 녹음한 음성 파일을 1차 서류와 함께 온라인으로 제출해야 해요. 1차 합격자만 2차 시험에 참여할 수 있고, KBS와 EBS의 경우 3차 시험까지 거쳐 최종 합격 여부가 결정돼요.

대원방송, 투니버스, 대교방송 등 애니메이션 채널은 주로 애니메이션 캐릭터 연기를 중심으로 시험을 진행해요. 1차 서류 심사 후 2차부터는 방송사에 방문하여 실기 시험을 보게 되며, 방송사에 따라 3차 또는 4차까지 진행돼요.

특히, 2차 시험부터는 애니메이션 더빙 시험이 포함되는 경우가 많아요. 미리 제공된 애니메이션 영상에 맞춰 직접 더빙을 해야 하며, 캐릭터의 특징을 얼마나 잘 표현하는지 평가받죠. 최근에는 애니메이션 더빙 시험의 난이도가 높아져 전문적인 교육 없이는 합격하기 어려워졌어요.

(편) 성우 시험에 녹음 파일을 제출하는 이유는 뭔가요?

(김) 과거에는 성우 공채 시험이 모두 오프라인으로 진행되어 지원자들이 직접 방송국에 방문하여 시험을 봤어요. 하지만 지원자가 급증하면서 2017년부터 KBS를 시작으로 1차 시험을 온라인으로 진행하는 방식이 도입되었죠. 지원자는 방송사 홈페이지에 공개된 문제를 보고 녹음하여 파일과 함께 제출하는 방식으로 1차 심사를 받게 되었어요.

이러한 변화는 급증하는 지원자 수에 따른 행정적인 부담을 줄이고, 더욱 공정한 심사를 위해 마련된 거예요. 과거 KBS의 경우, 1차 시험에만 수천 명이 응시했는데, 이는 방송사에 큰 부담이었고, 많은 인원을 대상으로 실력 있는 지원자를 선발하는 데 어려움이 있었죠. 온라인 제출 방식은 이러한 문제점을 해결하고, 더욱 효율적인 심사를 가능하게 했어요.

(편) 공채 시험은 자주 있나요?

(김) 성우 공채 일정은 매년 변동될 수 있지만, 최근까지는 KBS와 대원방송이 매년, EBS와 투니버스가 2년에 한 번, 대교방송이 3년에 한 번 정도의 주기로 공채를 진행해 왔어요. 각 방송사의 공채 시기가 달라 지원자들은 매년 여러 차례의 공채에 응시할 수 있는 기회가 있어요.

방송사별로 차이가 있는데, KBS의 경우 남녀 합쳐 8~10명 정도를 선발하며, EBS, 투니버스, 대교방송, 대원방송 등은 각각 남녀 2~3명 정도를 선발하는 경우가 많아요.

🔲 1년에 몇 명 정도 채용하나요?

🔲 모든 방송사를 합쳐 보면 한 해 동안 평균적으로 17~18명의 성우를 채용해요.

🔲 성우로 가는 문이 점점 좁아지는 것 같아요.

🔲 과거에는 MBC, KBS, EBS 등 지상파 방송사 중심으로 성우를 채용했지만, 케이블 방송사의 증가로 인해 전체적인 성우 채용 규모가 확대되었어요. 하지만 최근 방송 환경의 급격한 변화로 인해 성우 채용 횟수가 감소하는 추세예요. 방송 산업의 불확실성이 커지면서 채용 규모와 시기는 매년 변동될 가능성이 높아 정확한 예측이 어렵네요.

성우가 되기 위해 필요한 공부가 있나요?

편 어느 학과를 가야 하나요?

김 어린 시절에는 성우에 대한 정보가 부족해 단순히 책을 잘 읽는 사람이라고 생각했고, 외화 더빙을 하는 사람 정도로만 인식했어요. 성우가 연기자라는 것을 몰랐던 시절이었죠. 성우는 연기자이므로, 성우를 꿈꾸는 사람들에게 연기전공은 좋은 선택이 될 수 있어요. 최근에는 성우학과가 신설되어 체계적인 교육을 받을 수 있는 기회도 늘어났고요.

하지만 성우 시험은 누구에게나 열려 있고, 대학 전공과 상관없이 성우를 꿈꾸는 사람이라면 누구든지 도전할 수 있어요. 실제로 많은 성우들이 다양한 전공을 배경으로 활동하고 있죠. 성우를 꿈꾸는 사람들이 많아지면서 경쟁이 치열해졌고, 시험 난이도 또한 높아졌어요. 이에 따라 많은 지망생이 전문적인 교육을 제공하는 성우학원을 통해 체계적으로 준비하고 있어요.

과거에는 선배 성우들에게 직접 배우며 성장하는 경우가 많았지만, 최근에는 방송 환경이 변화하면서 신입 성우들의 역할이 커졌어요. 이에 따라 방송사들은 실무에 바로 투입될 수 있는 역량을 갖춘 인재를 선호하며, 지원자들은 더 체계적인 준비를 통해 경쟁력을 높여야 하죠.

편 공부를 잘해야 하나요?

김 공부를 잘할 필요는 없어요. 성우 공채 시험은 학력과 무관하고, 필기시험이 없어요. 모두 실기 시험이에요. 다시 말해 목소리가 좋고 연기를 잘하면 돼요.

하지만, 단문 연기를 잘하려면 단문 해석을 잘해야 해요. 평소 책을 많이 읽지 않거나 이해력이 떨어지면 대본을 봐도 무슨 내용인지 이해를 하지 못해요. 특히 내레이션을 할 때 문장이 길고 구조가 난해하면 이해하기가 어렵고, 유창하게 낭독할 수가 없죠. 공부를 잘할 필요는 없지만 평소 책을 많이 읽어서 단문의 내용을 잘 분석할 줄 알아야 해요.

성우 아카데미는 필수 코스인가요?

편 성우 아카데미는 필수 코스인가요?

김 지금은 거의 그런 편이에요. 시험 자체가 어렵고 경쟁이
치열해서 어쩔 수가 없어요. 전문적으로 배우지 않으면 시험
에 붙을 확률이 적어요.

애니메이션 방송사들의 시험은 애니메이션 캐릭터를 표
현하는 것인데, 일반 연기가 아니기 때문에 애니메이션 연기
를 공부하지 않고서는 표현하기가 힘들어요. 예를 들어 꽃미
남이면서 냉혈한을 표현하라고 했을 때, 전문적으로 공부를

어린이 성우들

하지 않은 지원자들은 감도 못 잡는 경우가 많죠.

편 정규 대학 이외에 별도 학습기관이 많은가요?

김 각종 사설 아카데미가 많이 있어요. 거의 성우들이 운영하고 있고요. 거기서 개인 사사도 받고 연기도 공부하죠. 요즘은 아카데미에 다니지 않고 그냥 시험 봐서 합격하는 사람은 드물어요.

성우에게 필요한 자질은 무엇인가요?

편 성우에게 필요한 자질은 무엇인가요?

김 일단 가장 기초적인 자질은 건강한 소리와 정확한 발음이 가능한 구강구조를 갖고 있어야 해요. 힘이 없거나 잘 갈라지는 소리, 고음이 올라가지 않거나 베이스가 내려가지 않아 톤이 한정적인 소리, 꺾이는 소리 등은 건강한 소리라고 볼 수 없죠. 건강한 소리가 중요한 이유는 소리가 잘 나와야 하고 싶은 연기 표현을 마음껏 할 수 있기 때문이에요.

마찬가지 이유로 정확한 발음 구사도 매우 중요해요. 대사 전달이 잘 안되면 대사 연기로 모든 표현을 해야 하는 성우로서의 활동은 매우 어렵죠. 정확한 발음이 되지 않으면 대사 전달도 되지 않을 뿐 아니라 하고 싶은 연기를 마음껏 할 수도 없어요. 대사를 읽는 것도 힘들기 때문이에요.

좋은 목소리를 가지고 있고, 정확한 발음을 구사한다면 그다음으로 중요한 것은 풍부한 감정과 그 감정을 표출하는 표현능력이에요. 사실 인간은 누구나 희로애락의 감정을 느끼죠. 하지만 그 감정을 느끼는 정도가 사람마다 차이가 있고, 또 그 감정을 타인 앞에서 표현하는 건 쉬운 일이 아니에요.

특히, 청소년기를 지나 성인이 되면서 타인에게 나의 감정을 그때그때 표현하면서 살아온 사람은 많지 않을 거예요. 대부분 화가 나도 참고, 슬퍼도 큰 소리로 울지 않고 인내하는 사람들이 더 많죠. 고통을 느끼려 하지 않고 그냥 덮고 지나가는 데에 더 익숙해져 있는 경우가 대부분이에요. 하지만, 좋은 연기자가 되기 위해서는 마음속에 생성되는 감정들을 억누르지 말고 밖으로 표현할 줄 알아야 해요.

자신의 감정을 타인 앞에서 잘 드러내려면 자신이 느끼는 감정에 부끄러움이 없어야 해요. 연기할 때 감정 표현을 자연스럽게 드러내지 못하는 원인은 자신의 감정에 대해 자신감이 없기 때문이에요. 내가 가진 감정이 뭔가 부족하고 창피하다고 생각하면 남 앞에서 드러내기가 힘들죠.

즉, 연기자는 자신의 감정에 대한 자신감과 자기효능감을 갖추는 것이 중요해요. 자기 자신을 믿고 다양한 감정을 표현하려는 적극적인 태도가 훌륭한 연기를 가능하게 하죠.

성우가 되려면 특별한 재능이 있어야 하나요?

편 성우가 되려면 특별한 재능이 있어야 하나요?

김 성우들이 잘하는 것 중 하나가 모사예요. 어떤 배우가 하는 특정한 연기를 그대로 따라 해요. 그게 열심히 노력해서 잘한다기보다는 생각이 항상 그쪽으로 가 있다 보니까 누가 연기하는 것을 보면 그대로 복사기처럼 뇌에 저장되는 거죠. 그리고 그대로 입에서 나오는 거예요.

그런데 그게 배우들의 연기뿐만 아니라 일반 사람들과도 이야기를 하다 보면 상대방이 말하는 특유의 억양이라든가 뉘앙스를 그대로 따라 해요. 그런 성대모사 재주가 있어요.

또 남들보다 좀 더 뛰어난 재능이라면 매우 정확한 발음의 구사라고 할 수 있어요. 성우는 소리로만 연기를 해야 하기 때문에 대사 전달이 필수예요. 그래서 정확한 대사 전달을 위해 고도로 정밀한 발음을 할 수 있어야 해요.

매우 빠르게 말을 해도 발음이 정확히 다 들려야 하고요. 실제로 속도가 매우 빠른 영화나 애니메이션을 더빙할 때, 어떤 성우들은 신기에 가까운 모습을 보여주곤 하죠. 어떻게 저렇게 빠르고 정확하게 말할 수 있을까 싶어요.

내성적인 성격은 성우 하기 힘든가요?

편 내성적인 성격은 성우 하기 힘든가요?

김 제가 어린이 성우교실을 운영하잖아요. 내성적이고 말이 없는 아이들도 성우교실에 오는 걸 좋아하는 경우가 많아요. 사람은 자기 안에 내재되어 있는 감정을 밖으로 꺼내고 싶은 욕구가 있거든요. 단순히 외향적이기 때문에 감정 표현을 잘 한다고 생각하면 그건 편견이에요.

초중고 학생 대상 강의

성우를 꿈꾸는 지망생들만 봐도 외향적인 사람은 20~30% 정도 되고, 나머지 70~80%는 내향적이에요. 외향적인 사람들은 성우보다는 연극배우나 TV 연기를 선호하죠.

성우 연기가 대중 앞에서 하는 게 아니고 마이크 앞에서 혼자 하는 연기이다 보니까 일의 특성상 내향적인 사람들이 더 선호하는 경향이 있는 거 같아요. 감정을 표현하고 싶은 욕구가 있는데, 대중 앞에서 하기는 창피하니까 성우처럼 뒤에서 표현하는 일이 적성에 맞는다고 생각하는 거죠.

이런 내향적인 사람들이 어떻게 보면 내재되어 있는 감정들은 더 크고 풍부할 수 있어요. 다만, 그 성격의 틀을 깨고 얼마나 밖으로 표출할 수 있는지가 관건이에요. 외향적인 사람보다 시간이 좀 더 오래 걸리지만, 자신의 노력 여하에 따라 아주 좋은 연기자로 거듭날 수 있죠.

유학도 필요한가요?

편 유학도 필요한가요?

김 정서를 함양하고 시야를 넓히기 위해서 해외에 나가는 건 좋지만, 필수적인 것은 아니에요. 유학보다는 국내에서 영화와 드라마, 책 등 다양한 문화생활을 접하는 게 더 중요해요.

편 추천해 주실 만한 영화나 드라마, 책이 있을까요?

김 영화나 드라마, 책을 볼 때는 좋은 작품을 골라 보기보다는 무조건 많이 접하는 게 좋아요. 시간이 허락하는 한 많이 보는 걸 권하는데, 아무래도 바쁜 일상에서 문화생활을 자주 접하는 게 쉽지는 않죠.

그래서 저는 세간에 화제가 되는 작품들은 무조건 꼭 보라고 권해요. 사람들 사이에서 화제가 되는 작품들은 그럴만한 이유가 있거든요. 아무래도 현대인들의 트렌드를 잘 읽고 있는 작품들이기 때문에 그런 작품들을 빼놓지 않고 보면, 배우들의 연기 추세가 어떤지를 알 수 있죠. 연기도 트렌드가 있고, 계속 흐름이 변화하고 있거든요.

어린이 성우 체험

목소리로 세상을 두드리는
성우

어린이 성우는 언제부터 할 수 있나요?

편 어린이 성우는 언제부터 할 수 있나요?

김 글씨를 읽을 수 있으면 할 수 있어요. 사실 초등학교 1~2
학년 학생들이 많이 찾아와요. 제작사에서도 어린 목소리를
찾고요. 왜냐하면 큰 아이들은 성인 성우들이 더빙할 수 있기
때문이에요.

성인 성우들이 할 수 없는 진짜 어린 목소리가 필요하기
때문에 글씨를 읽을 수만 있으면 일단 도전해 볼 수는 있어요.

어린이 청소년 성우들

어린아이들에게 가장 중요한 건 발음이에요. 아이들은 기본적으로 아이다운 목소리와 감성을 가지고 있으므로 조금만 트레이닝을 받으면 어린이 역할을 연기하는 건 어렵지 않아요.

단지, 아이들 특유의 혀 짧은 발음이 가장 애로사항이에요. 대사 전달이 잘 안되면 아무리 감정이 좋고 캐릭터가 좋아도 소용없거든요. 그래서 어린이 성우로서 가장 중요하게 갖춰야 할 부분은 정확한 발음으로 대사를 전달하는 능력이에요.

초등학교 방과후 성우교실

성우를 꿈꾸는 분들에게 조언을 해준다면요?

편 성우를 꿈꾸는 분들에게 조언을 해준다면요?

김 성우가 되고 싶어 하는 사람들한테 제일 중요한 것은 평소의 언어습관이에요. 예를 들어 평소에는 다른 사람이 잘 알아듣지 못하게 대충 말해버리는 습관이 있으면서 좋은 성우가 되고 싶다고 생각한다면 그건 정말 말이 안 되는 거예요.

성우가 되고 싶으면 평소 말할 때도 성우처럼 좋은 목소리와 정확한 발음으로 귀에 쏙쏙 들어오게 말하는 언어습관을 갖춰야 해요. 다시 말해서 평소에도 성우처럼 말해야 한다는 거죠.

저희 아카데미에 성우가 되고 싶다고 온 학생 중에는 평소 말할 때와 연기할 때가 너무 다른 경우가 많아요. 평소에 말할 때는 평범하게 애기하다가 연기할 때는 소리를 예쁘게 만들어서 내요. 그렇게 가짜로 만든 목소리와 말투로 한 연기는 당연히 리얼하지 않고 진실하지 않겠죠?

그래서 일단 평소 언어습관 자체를 성우처럼 잘 만들어 놓으면 70~80%는 성우가 된 거예요. 그 후에 연기 공부만 조금 하면 돼요.

그다음으로 다양한 사람들에 대한 이해가 필요해요. 여러 캐릭터를 이해해야만 제대로 표현할 수 있으니까요. 영화나 드라마 장르를 많이 접하고 등장하는 인물이나 캐릭터를 관심 있게 보는 습관을 가지세요. 배우의 연기에 몰입해서 보다 보면 그 캐릭터가 머릿속에 저장되고, 나중에 그 기억들은 연기할 때 큰 자산이 돼요.

그리고 책을 많이 읽는 것이 중요해요. 책을 잘 읽지 않은 사람은 문장을 봐도 구조를 이해 못 해요. 서너 줄 정도 내려가는 문장은 아예 무슨 말인지 모르고, 어디서부터 어디까지가 주어인지도 모르죠. 심지어 끊어 읽기조차도 어려워하는 학생들이 많아요.

문장의 구조가 한눈에 딱 들어와야 이게 무슨 말인지 알고, 그걸 본인의 말로 표현할 수가 있는데 그렇지 않으면 교과서 읽듯이 딱딱하게 읽게 되죠. 책을 많이 읽되, 여러 장르의 책을 골고루 읽는 것도 필요해요. 길고 난해한 문장들을 한눈에 보고 이해하려면 신문이나 논설 같은 유형의 문장을 많이 접하는 것도 좋아요.

성우가
되면

공채에 합격하면 방송국에 계속 소속될 수 있나요?

편 공채에 합격하면 방송국에 계속 소속될 수 있나요?

김 계약직이라 계속 소속되어 있을 수는 없어요. 예전에는 10년씩 전속으로 있었는데 점차 7년, 5년으로 줄다가 저 때는 3년간 전속 생활을 했었어요. 그러다가 얼마 전에 계약직은 2년 이상 지속할 수 없는 법이 생기면서 성우의 전속 기간도 2년으로 줄었어요.

편 여건이 더 안 좋아진 건가요?

김 글쎄요. 전속 생활을 어떻게 보느냐에 따라 다르겠죠. 방송국에 소속되어 있는 전속 생활이 안정적이긴 하지만 빨리 프리랜서가 되어 다양한 곳에서 일하고 싶어 하는 성우들도 있어요. 어차피 프리랜서로 활동할 거면 빨리 프리랜서가 되는 게 낫다고 생각하는 사람도 있거든요. 요즘은 워낙 모든 게 빨리 변해가는 세상이니까 전속 생활도 짧게 하는 게 현 세대에는 맞는 거 같기도 해요.

예전에는 전속 생활을 하면서 일정 기간 훈련하고 선배들한테 배우면서 숙련될 수 있는 시간을 보냈어요. 이 기간을 거쳐야 경쟁력 있는 성우로 성장해서 프리랜서가 돼서 나갔을 때 무리 없이 성우 활동을 할 수 있었죠.

하지만 요즘에는 성우를 가르치는 학원도 많이 생긴 데다 공부를 일찍 시작하고 언더그라운드 생활까지 해서 지금은 실력을 갖춘 상태에서 전속 생활을 시작해요. 그래서 전속 기간에 갈고닦아서 나와야 하는 예전과는 많이 달라졌어요. 요즘은 2년만 하고 나와도 너무 잘하거든요.

전속 성우들의 보수는 어느 정도인가요?

편 전속 성우들의 보수는 어느 정도인가요?

김 매년 많이 바뀌어서 정확한 액수는 모르겠어요. 방송사마다 월급 체계가 달라요. 일단 KBS는 기본급이 2백만 원 정도 되는 것으로 알고 있고, 거기에 수당이 붙는데 수당은 프로그램마다 다 다르다고 알고 있어요.

전속이 되면 라디오나 드라마만 하는 게 아니라 라디오 프로그램이 나가는 중간중간 나오는 예고나 안내방송도 하거든요. 책 내용이나 여행지를 소개해 준다든지 하는 각종 꼭지가 많은데 그런 것에도 다 참여해요. 해당 라디오 프로그램이 한 시간 정도 진행되면 한 시간에 대한 보수를 다 받아요. 참여하는 것은 1~2분이라고 해도 전체를 봐야 하기 때문이죠.

그렇지만 전속들이 일을 다 똑같이 하는 것이 아니기 때문에 수당을 많이 받는 사람은 2백만 원도 받고, 적게 받는 사람들은 백만 원도 안 되게 받아요. 그래서 기본급에 수당을 합치면 3백만 원 안팎이 될 거예요.

애니메이션 케이블 채널 중에는 기본급이 없는 곳도 있어요. 그렇지만 TV 수당이나 라디오 수당보다 훨씬 높죠. 어느 정도냐 하면 라디오는 시간당 몇천 원도 안 되는데 TV 쪽은 만원 단위거든요. 단위가 달라요. 그러니 수당만 받아도 일을 많이 하면 2백만 원에서 3백만 원 정도는 될 거예요.

전속 성우의 보수가 사실 많은 편은 아니에요. 하지만 성우로서 받는 제대로 된 보수는 프리랜서가 된 다음 받는 액수이기 때문에, 전속 때 받는 액수는 크게 중요하지 않다고 생각해요. 프리랜서가 되면 전속 때 받는 시간당 금액에서 두세 배 오르기 때문이에요. 전속 생활은 프리랜서가 되기 위한 일련의 과정인 거죠.

프리랜서의 보수는 천차만별이겠어요.

편 프리랜서의 보수는 천차만별이겠어요.

김 프리랜서가 되면 일단 기본급은 없고 내가 일한 만큼 수당을 받죠.

보통 수입 애니메이션 같은 경우 한 번 녹음하러 가면 30분짜리 세 편 정도를 한꺼번에 녹음해요. A급과 B급의 보수가 좀 다르긴 한데 평균적으로 한 편당 15만 원에서 18만 원 정도 받아요. 세 편을 하면 45만 원에서 50만 원 정도 되는 거죠. 녹음 시간은 두 시간에서 길게 잡으면 세 시간 정도 걸리고요. 두세 시간 정도의 시간을 들여서 버는 돈은 45만 원에서 50만 원 정도가 되는 거죠.

그런데 국내 제작 애니메이션의 경우는 좀 달라요. 수입 애니메이션은 외국 성우들의 목소리가 기본적으로 다 깔려있기 때문에 더빙하기 어렵지 않지만, 국내 제작 애니메이션은 목소리가 전혀 없기 때문에 더빙하기가 훨씬 까다로워요. 시간도 훨씬 오래 걸리기 때문에 보수도 더 많이 받아요. 보통 수입 애니메이션의 세 배 정도 받고 녹음을 진행해요.

외화 더빙의 경우도 마찬가지로 A급과 B급의 보수가 다르지만 주연은 50만 원에서 70만 원 정도, 조연은 30만 원에서 40만 원 정도 받기 때문에 평균 40만 원에서 50만 원 정도라고 봐요. 외화는 일단 길잖아요. 90분에서 120분 정도 한단 말이에요. 그럼 걸리는 시간은 두 배 정도 생각해서 네 시간 정도 일하고 50만 원 정도 받는다고 생각하면 대충 맞을 거 같네요.

광고 녹음의 경우는 보수가 더 높아요. 일반적으로 광고는 15초, 20초, 30초 이렇게 세 가지 버전으로 만들어지는데 한 버전에 보통 20만 원에서 50만 원 정도의 보수를 받아요. 이것도 역시 성우마다 천차만별인데 한 버전에 백만 원을 받는 성우도 있어요.

만약 기본 30만 원을 받는 성우라고 하면, 광고 하나 녹음하고 나면 세 가지 버전의 돈을 합쳐서 받게 돼요. 그럼, 총 90만 원의 성우료를 받게 되죠. 광고 하나 녹음하는데, 일반적으로 한 시간 정도 걸린다고 보면 시간당 받는 금액은 매우 크다고 할 수 있어요. 그래서 광고를 많이 하는 몇 명의 스타 성우들은 한 달에 몇억 원씩 벌기도 하죠.

편 한 달에 평균 10일 정도 일하나요?

김 평균 일하는 날을 얘기하기는 매우 어려워요. 개인차가 워낙 크기 때문이에요. 한 달 내내 하루도 쉬지 않고 일하는 성우

목소리로 세상을 두드리는
성우

도 있는 반면에, 한 달에 한두 번 일하는 성우도 있거든요.

편 그럼 한 달 수입은 어느 정도인가요?

김 일이 많은 성우들은 거의 매일 일이 있어요. 주말에도 녹음이 있거든요. 방송국은 아니지만 외주 제작 같은 경우 토요일까지도 녹음이 있어요. 그래서 지명도 있는 성우들은 일주일에 하루 정도를 빼고는 6일 정도 일을 해요.

하지만 일반적으로 일주일에 3~4일 정도 일을 한다고 봤을 때, 연봉이 5천만 원에서 1억 5천만 원 정도 될 거예요. 물론 그 이상 되는 성우도 당연히 있죠. 평균을 잡자면 그렇지 않을까 싶어요. 이것도 확실하진 않을 거 같네요. 편차가 너무 커서요.

성우들의 일과는 어떤가요?

편 성우들의 일과는 어떤가요?

김 일과는 개인차가 너무 커서 평균을 잡아 얘기하기는 어려워요. 어쨌든 중요한 건 프리랜서이다 보니 출퇴근 시간이나 일하는 날이 정해져 있는 게 아니고 매일, 매주 스케줄이 바뀌죠.

보통 일반적으로 일하러 가면 두 시간에서 세 시간 정도 걸리거든요. 그래서 오전 일정은 10시에서 12시로 잡고, 점심을 먹고 나서 오후 1시나 2시 정도에 두 번째 일정을 잡아요. 그럼 3시에서 4시 정도에 끝나죠. 오전과 오후에 한 일정씩 소화하고 집으로 가거나, 아니면 저녁에 한 건 정도 더 하고 집으로 가기도 하죠.

더 타이트하게 하는 분들은 오전에 세 개, 오후에도 서너 개의 일정을 잡기도 하지만 그런 분들은 아주 소수예요. 평균적으로 오전에 하나, 오후에 하나 조금 더 많이 하면 저녁까지 하루에 세 건 정도의 일을 하며 보내요.

휴일은 따로 없는 거죠?

편 휴일은 따로 없나요?

김 네. 휴일은 따로 없어요. 사실 스케줄이 없는 날이 휴일이에요. 그런데 스케줄이 너무 들쑥날쑥하고 캐스팅 연락이 바로 전날에 오기도 하니까 스케줄이 없는 휴일을 제대로 활용하기는 좀 어려워요.

그래서 어느 정도 연차가 되고 자리를 잡고 나면 스스로 출퇴근 시간과 휴일을 정하기도 해요. 저 같은 경우, 아이들이 어렸을 때는 저녁 6시 이후에는 스케줄을 잡지 않았어요. 퇴근 시간을 스스로 6시로 정한 셈이죠.

또 어떤 성우들은 주말엔 스케줄을 잡지 않기도 해요. 하지만 이렇게 자신이 스케줄을 능동적으로 관리하기 위해선 캐스팅이 왔을 때 시간이 안 맞으면 NO를 할 수 있는 여유가 있어야 가능해요. 당장 일 하나라도 더 해야 하는 상황이면 내가 정한 휴일이라도 반납해야죠.

직업병이 있나요?

편 직업병이 있나요?

김 앞에서도 얘기했지만, 성우 연기는 일반 연기와는 다르게 영화 한 편을 한 번에 더빙하기 때문에 바뀌는 장면에 따라 감정연기를 빨리 바꿔줘야 해요. 한마디로 웃다가 울기를 매우 빠르게 바꿔 연기해야 하는 거죠.

이런 특수한 감정 몰입을 많이 하다 보면 실제 생활에서도 이런 성향이 나타나기도 해요. 조금 전까지만 해도 세상에서 가장 슬픈 듯이 굴었다가 웃긴 장면을 보면 언제 그랬냐는 듯 금방 또 밝게 웃는 거예요. 감정의 변화가 너무 빨리 이루어지니까 보통 사람들이 보기엔 이해가 안 가는 거죠. 조울증처럼 보이기도 하고요.

저 같은 경우는 남편과 심각하게 싸웠다가도 다음날이면 언제 싸웠냐는 듯 말을 걸어서 남편이 정말 적응이 안 된다고 얘기했던 적도 있었어요. 이런 성향을 성우들끼리는 이해하는데 성우가 아닌 제3자는 이해를 잘 못하더라고요.

또 이런 것도 있어요. 성우들은 대사 연기에 모든 감정을 다 실어야 하는 직업이잖아요. 그러다 보니 대사 외에 호흡 연기가 많아요. 호흡이라고 하면 감탄사라든지 웃음소리, 울음소리 아니면 동작을 할 때 수반되는 각종 호흡 소리를 말하는데요. 평소 녹음할 때 이 호흡 연기를 많이 하다 보니 일상생활 속에서도 필요 이상으로 호흡 소리를 많이 내게 돼요.

넘어질 때 '으아'하는 비명이라든지, 앉아 있다가 일어날 때 일어나는 호흡 소리를 입으로 낸다든지, 놀이공원에서 놀이기구를 탈 때 필요 이상으로 소리를 크게 지른다든지 하는 경우들이 있어요. 나도 모르게 그럴 때마다 이런 게 직업병이라는 생각이 들죠.

다른 분야로 진출이 가능한가요?

편 다른 분야로 진출이 가능한가요?

김 성우들의 다양한 분야 진출은 이미 오래전부터 이루어져 왔어요. 과거 라디오 드라마 시대부터 많은 성우들이 TV 드라마, 영화 등 다양한 분야에서 활약하며 자신의 역량을 펼쳐 왔죠.

최근 활발하게 활동 중인 중견 배우 중에는 김기현, 김영옥, 김용림, 김용식, 나문희, 김하균, 나성균, 박웅, 박일, 사미자,

연합뉴스TV 〈우리 아이 JOB 캠프〉 방송

성병숙, 장광, 이종구, 한영숙, 전원주, 최병학 등 많은 성우 출신 배우들이 있어요. 투니버스 성우 김선혜, KBS 성우 이선, 윤세웅 등 젊은 성우들도 드라마에 출연하며 활약하고 있고요.

성우들은 드라마, 연극, 뮤지컬, 라디오 DJ, MC 등 다양한 분야에서 활동하며 자신의 역량을 펼치고 있어요. 대표적인 예로, 서유리 성우처럼 예능 프로그램에서 인기를 얻는 경우도 있죠.

최근에는 성우협회에서도 성우들의 다양한 진출을 지원하며, 성우들이 자신의 재능을 더욱 폭넓게 발휘할 수 있도록 돕고 있어요. 그러니 능력만 잘 갖추고 있으면 많은 시도를 해볼 수 있겠죠.

성우를 하다가 연기자가 되기도 하나요?

편 성우를 하다가 연기자가 되기도 하나요?

김 앞에서도 얘기했지만, 성우를 하다가 연기자가 된 경우는 과거에도 지금도 많이 있어요. 사실, 과거에 더 많았고요.

최근에 몇 분이 연기자로 활동 영역을 넓혔는데, 그 대표적인 예가 영화 〈도가니〉에서 나쁜 교장 역을 맡아 주목받기 시작하면서 본격적으로 영화배우로 활동을 시작한 장광 선배님이에요. 보통 젊었을 때 성우에서 연기자로 활동 영역을 바꾼 분들이 대부분이라면, 장광 선배님처럼 성우로서 많은 활약을 해오다가 중년의 나이에 연기자로 성공한 분은 흔치 않아요.

사실 성우로서 전성기를 걷다가 연기자로 활동을 바꾸기가 쉽지 않은 이유가 있어요. 성우 녹음은 어떻게 보면 참 간단해요. 촬영을 하지 않기 때문에 대기 시간도 필요 없죠. 메이크업도 필요 없고요. 의상비가 들지도 않죠. 그냥 집에서 입던 편한 복장에 볼펜 하나만 들고 가서 두세 시간 녹음만 하면 된단 말이에요.

그런데 TV 연기는 할 일이 훨씬 많잖아요. 메이크업, 헤어,

의상 준비도 해야 하고, 한 장면을 찍기 위해서는 몇 시간씩 대기도 해야 하니, 성우 녹음에 비해 훨씬 힘든 게 사실이에요. 그래서 중요 배역을 맡게 되기까지 이렇게 힘든 작업을 버텨 내는 게 생각보다 쉽지 않아요.

성우 녹음 섭외가 들어오면 거절하고 TV 촬영을 해야 하는데, 성우 녹음을 거절하는 게 쉬운 일이 아니거든요. 많은 성우들이 이런 갈등 속에서 결국은 성우를 선택하는 경우가 많아요. 결국 하고 싶은 일이 성우인지 연기자인지를 분명히 선택해서 진로를 정해야 활동 영역을 바꿀 수 있어요.

평생 할 수 있는 직업인가요?

편 평생 할 수 있는 직업인가요?

김 네. 성우는 정년이 없기 때문에 평생 직업이라고 말할 수 있어요. 본인 스스로 목 관리를 잘하고, 연기의 매너리즘에 빠지지 않고, 꾸준히 공부하고, 트렌드에 뒤처지지 않게 부지런히 노력한다면 나이가 들어도 후배들에게 뒤처지지 않게 활동할 수 있어요.

물론, 이렇게 자기 관리를 철저히 하기가 쉬운 일은 아니죠. 나이가 들면 포지션을 조금씩 바꿔가면서 이미지 메이킹을 해야 오래도록 성우로서 활동할 수 있지 않을까 싶어요. 정년은 없지만, 실제로 오래 활동하기 위해서는 부지런히 관리하고 많은 노력을 해야 할 거예요.

해외 진출이 가능한가요?

편 해외 진출이 가능한가요?

김 해외에도 한인방송들이 있기 때문에 해외로 진출하는 것
도 가능해요. 한인방송에서도 성우 녹음을 많이 한다고 들었
어요. 주변 성우 중에 녹음하러 미국에 가는 경우도 종종 봤어
요. 미국으로 이민을 가서 성우 활동을 하다가 오신 분도 계시
고요.

자녀가 성우를 하고 싶어 한다면 지원해 주실 건가요?

편 자녀가 성우를 하고 싶어 한다면 지원해 주실 건가요?

김 네. 저는 하고 싶다면 지원해 주고 싶어요. 전문적인 기술로 오래 할 수 있는 일이기도 하고, 무엇보다 즐겁게 일할 수 있잖아요. 일하면서 스트레스도 풀고, 돈까지 벌 수 있는 몇 안 되는 직업 중 하나라고 생각해요. 하지만 성우 시험에 합격하기가 너무 어려우니 진짜 능력이 있다면 밀어줘야죠.

어린이 성우들과
스튜디오에서

VOICE ACTOR

소리로 만드는 세계

라디오 드라마

편 라디오 드라마는 어떻게 진행되나요?

김 라디오 드라마는 대본을 이메일로 받아요. 각자 받은 대본을 확인해 보고, 녹음 전에 다 같이 모여 연습하죠. 연습은 한 번만 해요. 캐릭터 논의를 하고, 연습하고, 캐릭터를 다시 한 번 잡죠. 상대 배역과 호흡도 맞추고, 상황마다 동선도 맞추고, PD가 말하는 캐릭터와 성우가 연기하는 캐릭터가 잘 맞지 않는 경우는 함께 논의도 하며 조율하죠. 그렇게 연습이 끝나면 바로 녹음해요.

연습실에서 드라마 연습할 때는 그냥 리딩 수준이 아니라 실전과 똑같이 해요. 성우들이 일반 배우들과 다른 게 초독이 빠르다는 거예요. 일반 배우들은 처음에 가볍게 리딩을 해요. 그다음 대사를 외우고, 리허설을 한 다음에 촬영에 들어가는데 성우는 초독할 때 눈으로 글자를 보면서 바로 실전처럼 연기가 나와요. 성우들만이 가지고 있는 재능인 거죠.

라디오 드라마 녹음은 성우들만 하는 것이 아니라 효과를 담당하는 분들과 함께 호흡을 맞춰야 해요. 효과감독이 성우의 대사에 맞춰서 여러 가지 소리들을 넣어 주는데요. 문 닫는

위치라든지 때리는 순간 같은 것을 효과감독과 같이 맞춰보고 녹음하죠. 호흡이 딱딱 맞을 때는 기가 막히게 대사와 음향이 잘 맞아떨어져요. 우리가 녹음하고도 나중에 들어보면 신기해요.

외화 더빙

편 외화 더빙은 어떻게 진행되나요?

김 더빙은 캐스팅이 되면 영상을 이메일로 보내줘요. 예전에는 이메일을 보내는 일이 흔하지 않아서 시사실에 직접 가서 시사를 했었죠. 시사실에 가면 TV가 있고, 테이프가 하나 있는데 선배님들이 먼저 시사를 할 동안 후배들은 뒤에서 기다려야 해요.

혹은 선배들이 보고 있을 때 옆에서 내가 맡은 배역이 나오길 기다렸다 보기도 하고요. 그때는 휴대전화도 흔하지 않은 시절이라 선배들이 영상을 보고 있으면 비디오카메라를 들고 와서 찍기도 했어요. 선배들이 시사를 모두 할 때까지 기다릴 수 없어서 영상으로 찍어서 집에 가서 시사를 하기도 했었죠.

요즘에는 그런 일이 없어요. 영상과 대본을 이메일로 보내주면 내려받아 개인 시사를 하고, 모여서 바로 녹음에 들어가는 거죠. 외화 더빙 같은 경우 대사가 겹쳐 있는 복잡한 장면이 있으면 한 장면을 몇 번에 걸쳐 따로따로 녹음하기도 해요. 여러 사람이 겹쳐서 대사를 하면 무슨 말을 하는지 대사 전달이 잘 안될 수 있거든요. 따로따로 한 명씩 녹음한 다음 잘 들리도

〈꾸러기 닌자 토리〉 더빙 중

록 볼륨을 조절해서 편집하는 거죠. 이런 작업은 시간이 오래
걸려요. 그래서 성우들은 대사가 많지 않은 영상 위주의 영화
를 매우 좋아하죠. 작업이 쉽고 녹음하는 시간이 짧거든요.

애니메이션 더빙

편 애니메이션 더빙은 어떻게 진행되나요?

김 애니메이션 더빙은 해외에서 수입한 애니메이션과 국내에서 제작한 애니메이션이 약간 다르게 진행돼요. 해외에서 수입한 애니메이션은 외화 더빙과 똑같이 작업이 이루어지죠. 캐스팅이 이루어지고 나면 성우가 먼저 개인 시사를 하고, 스튜디오에 함께 모여서 더빙을 하죠.

하지만 국내에서 제작한 애니메이션은 먼저 그림의 캐릭터가 완성되고 난 후 소리가 전혀 없는 동영상에 성우의 목소리로 캐릭터를 창조해 내야 해요. 이때 프로듀서와 함께 논의해가며 캐릭터 목소리를 만들어내죠. 그래서 더빙하기가 좀 더 까다롭고 시간도 훨씬 많이 걸려요. 어려운 작업이라고 할 수 있어요.

어떤 작품은 성우의 목소리로 먼저 오디오 녹음을 하고, 그다음에 영상을 제작하기도 해요. 영화 〈마당을 나온 암탉〉이 대표적인 예인데요. 출연자들이 모두 모여 먼저 오디오 녹음을 한 다음 그 음성 녹음에 기초하여 영상을 완성하고, 2년 후에 다시 더빙을 했어요.

처음 오디오 녹음할 때 주인공 초록이의 목소리 연기를 한 배우 유승호가 중학생이었어요. 청소년 목소리가 참 자연스러웠었는데, 2년 후에 다시 더빙을 했더니 목소리가 너무 어른스러워진 거예요. 그래서 어쩔 수 없이 제가 어린 초록이 목소리를 대신했었죠. 오래 걸리는 작품은 이런 일이 발생하기도 해요.

내레이션

편 내레이션은 어떻게 진행되나요?

김 다큐멘터리 내레이션의 경우, 전날에 대본을 받는 경우도 있고, 편집 일정이 빠듯한 TV 프로그램의 경우에는 대본이 늦게 나와 녹음 직전에 받는 경우도 많아요.

심지어 생방송 중에 대본이 나와 무슨 내용인지 읽어 보지도 못하고 즉석에서 낭독해야 하는 상황이 발생하기도 하죠. 그래도 NG 없이 매끄럽게 하는 걸 보면, 성우들의 초독 실력은 정말 대단한 거 같아요.

처음 받은 대본을 초독할 때, 성우들은 첫 줄을 읽는 동시에 둘째 줄을 미리 보며 내용을 파악하고, 이를 바탕으로 즉시 연기에 집중해요. 즉, 눈은 이미 한 줄 앞을 향해 있고, 내용 인지와 연기가 매우 빠르게 이루어지는 거죠.

다큐멘터리 내레이션에서 가장 중요한 것은 전체적인 분위기를 어떻게 설정할지 결정하는 거예요. 부드럽고 따뜻한 분위기, 밝고 명랑한 분위기, 진지하고 무거운 분위기 등 다양한 톤 중에서 어떤 이미지를 선택할지 결정하는 것이 중요하죠. 성우의 목소리 톤은 프로그램 전체의 분위기를 좌우하는 중요한 요소이기 때문이에요.

따라서 톤을 결정하기 위해 프로듀서와 충분한 논의를 거쳐 결정하죠. 대부분의 경우, 프로듀서는 캐스팅 단계에서부터 프로그램의 분위기에 맞는 목소리를 가진 성우를 선정하기 때문에 톤 결정에 많은 시간이 소요되지는 않아요.

외화 더빙이나 애니메이션 더빙과 달리, 다큐멘터리 내레이션은 시사를 거쳐야 하는 번거로움이 없어 작업이 비교적 수월한 편이에요.

다매체

편 매체 광고, 교통 안내방송, 제품 소개, ARS, 게임산업, 오디오북 산업, 교육 콘텐츠 등 다양한 매체에서는 어떻게 진행되나요?

김 매체의 종류는 다양하지만, 성우가 참여하는 녹음 작업의 기본적인 과정은 대체로 비슷해요. 프로듀서가 성우를 캐스팅하면, 성우와 프로듀서는 함께 작품의 콘셉트를 논의하고, 완성된 영상에 목소리를 입히는 더빙 작업을 진행하죠.

광고 녹음은 성우들이 선호하는 작업 중 하나예요. 광고는 한 번의 녹음으로 15초, 20초, 30초 등 다양한 길이의 버전을 제작할 수 있는데요. 버전마다 별도의 녹음료가 지급되기 때문에, 한 번의 녹음으로 여러 번의 수입을 얻을 수 있다는 장점이 있죠.

안내방송이나, 제품 소개, ARS 등은 한 번 녹음하면 반복적으로 사용되기 때문에, 많이 들어도 질리지 않도록 깔끔하고 건조하게 녹음하는 편이에요. 또한, 내용이 효과적으로 전달될 수 있도록 귀에 쏙쏙 들어오는 음성으로 녹음하는 것이 중요하죠.

게임산업의 발전과 함께 게임 속 캐릭터를 연기하는 성우들의 역할이 점점 중요해지고 있어요. 요즘에는 애니메이션 주인공보다 게임 캐릭터 성우의 인기가 더 높은 경우도 많죠. 게임 녹음은 단순히 목소리를 더하는 것을 넘어 새로운 캐릭터를 창조하는 작업이기 때문에, 성우는 프로듀서와 긴밀하게 협력하여 캐릭터를 구체화하는 과정을 거쳐야 해요. 이러한 창의적인 작업에는 다양한 아이디어가 필수적이에요.

VOICE ACTOR

나도 성우

〈공부해서 너 가져!〉라는 라디오 드라마 대본입니다. 우선 소리를 내어 읽어 보세요. 그리고 각각의 등장인물들이 어떤 캐릭터인지 생각해 봅니다. 나만의 캐릭터가 완성되었다면, 여러분이 실제 성우가 되었다고 생각하고 감정을 살려 연기해 보세요.

공부해서 너 가져! -제3화

원작 김범
극본 김민정
연출 오수진

등장인물

김별(여, 고2) 짝꿍 니엘에게 고백받고 얼결에 왕따가 된 불운의 아이콘
천국(남, 38세) 감옥에서 출소 후 생수 배달을 하며 누군가 찾고 있음
빽도(여, 고2) 본명은 백도혜. 학교 일진 짱. 찍히면 죽는다.
덕화(여, 고2) 한 덩치 하는 유도부원. 빽도의 스파이 및 행동대장. 일명 짱돌
싸가지(남, 40대) 천국과는 같은 교도소에 있었던. 지금은 미리내 카페 주인
순영(여, 고2) 별이의 단짝. 그러나 빽도 앞에서는 친구도 버리는 듯...
세정(여, 고2) 별이네 반장. 만년 전교 2등. 나름 금수저 물고 자람
별이 모(여, 40대) 유학 시절은 남편 뒷바라지, 귀국해서는 아이들 뒷바라지 인생
우현(남, 고3) 별이의 사랑. 전교회장. 교회 오빠
훈(남, 13세) 빽도에게 맞은 뒤 전학 가는 별이 남동생. 중3
친구(남, 13세) 같이 얻어터지는 훈이 친구
담임(여, 30대) 가시 돋친 말 잘하는 여교사
체육(남, 40대) 학생주임

M. 시그널

타이틀   라디오 극장 〈공부해서 너 가져!〉

            원작 김범, 극본 김민정, 연출 오수진

            제3화

M. out

E. 다리 밑, 멀리 차 소음

싸가지   얘가 김별이야?

천국   어.

싸가지   안녕?

별   아, 아저씬 누구예요?

싸가지   나? 난 싸가지...라고 해.

별   싸가지... 천국... 갑자기 어디서 나타난 거죠?

E. 개 껑껑, 헐떡거리며 좋아하는...

싸가지   허, 백두 좀 봐. 별이를 좋아하네.

천국   오토바이에 타. 데려다줄게.

별   어딜요?

천국   어디긴 어디야. 집이지.

E. 오토바이 시동 거는

싸가지   대장, 나는 개들 산책시키고 카페 가 있을게.

천국   수고.

E. 오토바이 달리는

별   (OFF, 소리 크게) 아저씨, 아저씨 정체가 뭐예요?

천국   (OFF, 소리 크게) 미세먼지 들어간다. 입 다물고 있어.

별	(독백) 아저씨가 살짝 건드리기만 했는데,
	뺙도가 쓰러져 벌벌 기었어.
	내가 방금 본 것들은 다 사실일까?
	내가 꿈을 꾸고 있는 걸까?
	이 아저씬 우리 집을 어떻게 아는 거지?

E. 오토바이 멈추는

천국	다 왔다.
별	그냥 우연히 지나가다 나를 도와준 거예요?
천국	그게 제일 궁금하니?
별	아까 뺙도를 어떻게 한 거죠?
천국	또 뭐가 궁금해?
별	저희 집은 어떻게 알았어요?
천국	질문이 많은 학생이네. 마지막 질문 하나만 받겠다.
별	또 만날 수 있어요?
천국	언제든. 네가 간절히 원하면, 내가 눈앞에 나타날 거다.
	오늘은 집에 들어가 푹 자. 한숨 자고 나면 정리가 될 거야.
	간다.

E. 오토바이 가는

| 별 | 뭐지? 간절히 원하면, 눈앞에 나타날 거라고? |

M. 브릿지

E. 수업 끝나는 종소리 꿈, 회상

E. 아이들 소음

세정	오늘까지 논술 특강 신청서 마감할 거니까 얼른들 제출해.
	그리고 환경미화 하는데 자진해서 해달라니까
	왜 아무도 안 하니?
덕화	(OFF) 앵무새, 앵무새... 담임이랑 말투가 점점 똑같네.
세정	거기 뒤에!
덕화	(OFF) 예, 그러십쇼.
세정	한다는 사람이 김별밖에 없는데, 별이 혼자선 못해
덕화	너.
덕화	(OFF) 뭐.
세정	할래?
덕화	미쳤냐? 내 방 청소도 안 하는데 무슨...
세정	근데 김별 어디 갔니? 순영아, 너 알아?
순영	내가 어떻게 알아...?
덕화	(비꼬듯 노래) 반짝반짝 미친 별 어디 가서 쳐 우나...

E. 학생들 웃음

별	(독백) 나는 투명인간이 되었으면 좋겠다.
	아무도 날 알아보지 못하게...
	아무도 내 체육복에 빨간 물감을 풀어놓지 않고
	아무도 내 교과서에 껌을 붙여놓지 않고
	아무도 내 사물함에 욕을 써놓지 않도록
	내가 그들의 기억에서, 그들의 눈앞에서 지워졌으면 좋겠다.

E. (약간 에코) 계단 올라가는

별	(독백) 어딜 가나 날 쳐다보는 눈이 너무 많다.
	순영이도 나와는 말을 섞지 않는다.
	그러면 어떻게 되는지 똑똑히 알았을 테니까.

E. 끼이익 창고 철문 여는

별	여기가... 제일 조용하겠지?
	작년에 고3 선배가 수능 전날 여기서 목을 매달았다.
	그 뒤로 아무도 찾지 않는 곳.
	나한테 여기가 딱이다.
	여기가 내 양호실이고, 내 방이고, 내 교실이다.
	혹시 알아? 그 선배 귀신이 나를 위로해 줄지?

E. 문 닫고 털썩 주저앉는

별	(에코) (한숨 후~) 반짝반짝 미친 별 어디 가서 쳐 우나...
	저기요, 귀신님, 제가 바로 그 미친 별이에요.
	제가 갈 데가 없어서요. 더 이상 숨을 데가 없어서요.
	뭐가 억울한지도 모르겠고 왜 이렇게 됐는지도 모르겠고,
	암튼 잘 부탁합니다.
	(심호흡) 귀신과 함께 있는 게 차라리 마음이 편하네...

M. 브릿지

E. 거리 소음

덕화	어이, 거기 중딩들~ 늬들 이리 와봐.
친구	훈아, 나 간다.
덕화	야, 안경! 너 일로 와 임마.
	짜식이 의리 없게. 너 혼자 토끼면 그게 인간이야? 짐승이지.

훈	저희 돈 없어요.
덕화	뭐야, 우리가 코흘리개 삥이나 뜯는 사람인 줄 알아?
빽도	너 나 알아?
친구	네.
빽도	내가 누군데?
친구	빽도요.
빽도	내가 무섭냐?
친구	.....

〈구름빵〉이라는 애니메이션 단문입니다. 우선 소리를 내어 읽어 보세요. 그리고 각각의 등장인물들이 어떤 캐릭터인지 생각해 봅니다. 나만의 캐릭터가 완성되었다면, 여러분이 실제 성우가 되었다고 생각하고 감정을 살려 연기해 보세요.

구름빵 - 02 - eps 191

부제
할아버지의 사과

줄거리
왼손잡이용 야구글러브를 쿠키에게 주려던 홍시. 그러나 쿠키가 사탕을 혼자 먹어버리자, 기분이 나빠져서 그대로 집에 오고 만다. 할아버지의 농장에 간 홍비와 홍시는 나무꼭대기에 열린 사과를 하나도 남김없이 다 따 버리는데, 그 사과는 할아버지가 새들을 위해 일부러 남겨 놓았던 것! 할아버지의 사과를 통해 나누는 마음을 배우게 된 홍시는 쿠키에게 야구글러브를 주고, 쿠키는 홍시를 위해 과자를 준비했다가 나누어 먹는다.

등장인물
홍비(양정화), 쿠크 삼촌(홍진욱), 홍시(김지혜)
할아버지(최정호), 엄마/쿠키(이용순), 새들

녹음 시간 배정
양정화, 김지혜 : 오후 2시
최정호, 이미향 : 오후 3시
그 외 : 오후 3시 30분

1	홍비네 집 뒤뜰~ 텐트 내부	홍비	(겹) (Na) 쿠크 삼촌이 어릴 때 쓰시던 물건을 창고에서 찾아오셨어요. 그중에 야구글러브가 있었어요.
2	상자 뒤지는	홍비	어 삼촌, 그 야구글러브 제가 쓰면 안 돼요?
3		홍비	홍시야, 너 야구글러브 있잖아.
4		홍시	에, 그치만... 하나 더 있으면 더 좋잖아.
5		쿠크	그건 왼손잡이용이야. 홍시한테는 필요 없겠는걸?
6		홍시	(실망) 아웅...
7		쿠크	누구 줄까? 친구 중에 왼손잡이 있니?
8		홍시	쿠키요, 쿠키! 쿠키는 오른손 왼손 둘 다 쓸 수 있어요.
9		쿠크	하! 그래? 그럼 이건 쿠키 줘라.
9-1		홍시	(겹) (웃음, 중간 호흡)
10		홍비	(웃음) 쿠키가 좋아하겠다!
11	야구글러브	쿠키	(off) 야아~! 이거.....
	놀이터의 홍시와 쿠키		왼손잡이용 글러브네?
12		홍시	웅, 삼촌이 어릴 때 끼시던 거야. 우리, 같이 글러브 끼고 공 받기 놀이 하자.

13		쿠키	좋아, 그런데 잠깐만... (겹) 홍시 (중간 호흡) 호오... 나 미끄럼 한 번만 타고
14		홍시	(뛰어가며) 나도 나도!
15	미끄럼틀 위의 쿠키	쿠키	(계단 오르는 호흡) 야호~!
	땅에 떨어진 사탕 주우며		어? 뭐지?
	미끄럼틀 타고 내려오는 홍시		아아 사탕이잖아?
16	미끄럼틀 타고 내려오는 홍시	홍시	부릉~ 야흥!!
	쿠키에게 달려들며		어? 그거 사탕이야? 나도 줘 나도~!
17		쿠키	(겹) (중간 호흡, 난처한) (날름 먹는 호흡)
18		홍시	야아~
19	쿠키 미끄럼틀 쪽으로 가고	쿠키	(사탕 물고) 미안! (겹) 홍시 (중간 호흡) 어... (뛰어가며) 한 개밖에 없었어.
20	쿠키 바라보다 고개 돌리며	홍시	이럴 수가...
	벤치로 걸어가며	쿠키	욕심쟁이... 사탕을 혼자 먹고...

21	야구글러브 들고	홍시	야구글러브 안 줄 거야... (골난) 부릉 야옹!
	벤치에서 떠나며		(씩씩거리며 걸어가는 호흡 계속)
22	미끄럼틀에서 부르는 쿠키	쿠키	(겹) 홍시야~ 어디 가? 공 받기 하자~~
23	홍비네 집 마당 혼자 노는 홍시	홍시	(공 던지는 호흡) (전속력으로 달리는 호흡) (공 받는 호흡) ...그냥 쿠키 줄걸 그랬나? (단호) 아냐! 쿠키는 욕심쟁이니깐
24		홍시	(던지는 호흡) (달려가다 천천히 멈추는) ...재미없어.
25	양손에 글러브 끼고	홍시	히힛 꽂게다 꽂게... (하다가 시들) 힝...
26	현관 앞 엄마와 홍비	엄마	홍시 놀이터 간 줄 알았는데
27		홍비	홍시야, 누나랑 같이 할아버지 농장에 갈래?
28		홍시	할아버지 농장?
29		홍비	응! 할아버지 사과 따러 가셨어.
30		홍시	(신나) 좋아!!

31		엄마	자, 할아버지 기다리실 테니까 구름빵 먹고 얼른 다녀와라~
32		홍비/홍시	(구름빵 먹는 호흡) 슈웅~~~
			(웃음)
33	나무 밑의 할아버지 부감	할아버지	(겹) (가늘게 코 곤다. 계속)
34	홍비, 홍시 내려앉으며	홍시	어? 할아버지가 주무시네?
35	홍비 단독	홍비	사과 따시느라 피곤...
36		할아버지	(크게 코 고는) 드르렁
37		홍비/홍시	(웃음)
38		홍시	할아버지가 사과 벌써 다 따셨나?
39	사과나무		(off) 어? 아니다. 저 위에 있는 건 아직 다 못 따셨어.
40		홍비	(off) 그러게... 너무 높아서 따기 힘드셨나보다.
41		새들	(겹) (멀리서) 짹짹...
42		홍시	누나! 저러다가 새들이 사과 다 먹겠어~
43		홍비	홍시야, 우리가 할아버지 도와드릴까?
44		홍시	그래! 우리가 저거 다 따드리자!

45	사과 바구니 들고 날아가는	홍비/홍시	(호흡)
46		홍비	어어?
46-1		새들	(겹) (다가오며 짹짹)
47		홍비	미안해 새들아~ 이건 우리 할아버지 사과야
48		새들	(겹) (요란하게 짹짹)
49	홍시 뒷모습	홍시	아, 진짜 (곤란)...
	홍시 뒷면		저기! 독수리다!!
50	새들 정면	새들	(겹) (더 요란하게 짹짹짹!!!)
51		홍시	부릉 야옹... 새들이 안 속네 (큰소리로 쫓는) 저리 가! 저리!!
52		새들	(겹) (기죽으며 짹짹짹 멀어진다.)
53	홍비, 홍시 뒷모습	홍시	(계속 쫓는) 에에에에!!!!
54	나뭇가지 사이 홍비, 홍시 정면	홍시	휴우~ 겨우 쫓았네!
55		홍비	(웃음) 어서 따자! (호흡)
56	사과 따는 홍비, 홍시	홍시	이 사과 크다!!... 내가 땄어!
57		홍비	(겹) (웃음)

58	의자의 할아버지	할아버지	(조는 호흡, 깨어나며 놀라) 으응?
59	할아버지를 향해 날아오는	홍비/홍시	(다가오며) 할아버지~~~
60		할아버지	오, 그래! 홍비랑 홍시가 왔구나?
61		홍비	(자랑스럽게) 할아버지 도와드리러 왔어요.
		홍시	할아버지 주무시는 동안
61-1		홍비/홍시	나무꼭대기에 있는 사과까지 모두 따왔어요.
62	사과 바구니	할아버지	으응?
		홍비	저 나무꼭대기에 있는 사과들, 너무 높아서 못 따신 거였죠?
63		할아버지	아, 이런... 너희들 마음은 고마운데 그 사과는 일부러 남겨 둔 거란다.
64		홍비/홍시	(놀라) 네에?
65		홍비	왜요?
66		할아버지	하하하 새들 먹으라고~
67		홍시	새요? (겹) 홍비: (중간 호흡)
68	사과나무	새들	(멀리서, 기운 없는 짹짹짹...)
69		할아버지	이렇게 맛있는 사과를 우리만 먹을 순 없잖니?

70	사과 따는 할아버지	할아버지	(off) 새들도 먹으라고 해마다 조금씩 남겨놓았더니, 그다음부터는 아무 사과나 쪼아먹지 않고 내가 남겨 준 것만 먹더구나.
71	사과를 쪼아먹는 새들	새들	(겹) (즐거운 쪽쪽. 계속)
72		홍시	이제 어떡하죠? 새들이 먹을 사과가 없어서?
73	홍비, 홍시	할아버지 홍비	(고민하는) 흐음...
74		홍비	...새들한테 사과를 돌려주면 되잖아요!
75		할아버지	(의아) 으응?
76		할아버지 홍비/홍시	(구름빵 먹는 호흡) (웃음)
77	사과 바구니를 나무에 거는	할아버지 홍비/홍시	(웃음, 호흡)
78	사과 쪼아먹는 새들	홍시	(off) 맛있게 먹어~~
79		새들	(겹) 쪽쪽쪽...
80	착지	할아버지 홍비/홍시	(내려앉는 호흡)

81		홍시	그런데 할아버지, 사과를 새들한테 나눠주는 거. 아깝지 않으세요?
82		할아버지	하하하! 아깝긴~ 사과 농사를 지을 때, 할아버지 혼자서 지은 게 아니야. 햇빛도 도와주고, 비도 도와주고...,
83	사과나무의 벌레		(off) 또 저 새들도 도와줬단다. 사과나무에 있는 벌레를 잡아주었거든.
	사과나무 아래 할아버지 일동		그러니 다 같이 나눠 먹어야지.
83-1		새들	(겹) (즐거운 짹짹)
84		할아버지	그리고 어떠냐? 저렇게 맛있게 먹는 걸 보니 기분이 좋지?
85		홍비/홍시	네!!
86		할아버지	옛날에 할아버지의 할아버지는, 밭에 콩을 심으실 때, 구멍 하나에 콩 세 알을 심으셨단다.
87		홍시	왜요?
88		할아버지	한 알은 새가, 또 한 알은 땅속 벌레가 먹으라고... 나누면 기쁨이 두 배가 되는 거란다. 허허허
89		홍시	(의미심장한 미소)

90	대문으로 들어오는 홍비, 홍시	홍비	저 글러브, 쿠키 안 줬어?
91		홍시	어?
92		홍시	(호흡)
93		할아버지	(off) 나누면 기쁨이 두 배가 되는 거란다.
94		홍시	누나! 나 금방 다녀올게~
95	쿠키네 집 앞	홍시	이거 너 가져!
96	홍시. 글러브 집어 들고	쿠키	정말?
97		홍시	그리고 우리 같이 놀자!
98		쿠키	그래! (주머니 뒤적이는 호흡) 홍시야, 이거 먹어
99		홍시	응?
100	과자 클로즈업	홍시	(off) 그건...
101		쿠키	아깐 혼자 먹어서 미안했어.
102		홍시	히... 우리 나눠 먹을래? 자!
103		홍시/쿠키	(웃음) (먹는 호흡)
104		홍비	(겹) (Na) 할아버지의 사과처럼 나누면 기쁨이 더 커진다는 걸, 우리는 오늘 알게 되었답니다.

VOICE ACTOR

방송사별
성우 시험
엿보기

"
성우 시험이라고
다 같은 성우 시험이 아니다?

맞아요.
시험문제의 유형과 선호도는
방송사별로 모두 달라요.
성우 시험을 준비하는 지망생이라면
방송사별 시험 유형이
어떻게 다른지 알아야겠죠.
"

KBS

KBS는 매년 전속 성우를 모집하는데 한 기수에 남자 4~5명, 여자 4~5명을 채용해요. KBS 시험문제는 라디오 드라마 대본 중에 발췌한 단문이 나오고, 나이대별로 10대, 20~30대, 40~50대, 노역, 그리고 해설이 나와요.

여러 가지 문항 중 자신이 하고 싶은 단문을 먼저 선택해서 할 수 있는데 연기가 괜찮다고 생각되면 심사위원이 다른 문항을 직접 골라 주문하기도 해요. 이때는 본인이 자신 없어 하는 연기를 시킬 수도 있고, 특히 해설을 시킬 수도 있어요. 심사위원이 주문한 문항을 매끄럽게 잘 연기하기 위해서는 스튜디오에 들어가기 전 시험문제를 받았을 때 모든 문항을 꼼꼼히 잘 읽어 보고 어떤 내용인지 파악해 두는 게 좋겠죠?

KBS는 기본적으로 해설을 매끄럽게 잘 읽을 수 있는지를 평가해요. 그러므로 평소에 라디오 드라마나 다큐멘터리에서 성우들이 해설하는 것을 많이 들어보고 준비를 해야 해요.

드라마 연기는 가장 자신 있는 목소리로 자연스럽게 하는 것이 중요해요. 목소리를 꾸며서 낸다든지 연기를 과장되게 하는 것은 좋지 않아요. 자연스러운 자신의 목소리와 말투로 대본에서 느껴지는 인물의 감정을 마음속으로 느끼면서 해야 하죠.

대본의 내용을 잘 들여다보면 그 인물의 심리상태를 알 수 있어요. 그 감정을 진정성 있게 마음으로 느끼면서 자연스럽게 연기하는 것이 KBS 시험에서 좋은 점수를 받는 방법이에요.

다음은 KBS의 제49기 전속 성우 채용 시
실제로 출제됐던 문제입니다.

KBS 제49기 전속 성우 1차 시험문제 (남자)

얘들아! 얘들아, 이리 와봐. (아이들 다가오자) 너희들 영웅이 뭔
지 알지? 히어로! 음... 영웅은 세상을 구하는 사람이야. 근데 세
상에는 영웅을 해치려는 나쁜 사람들이 정말 많아. 그래서! 영
웅은 절대 정체를 들키면 안 되거든? (아이들 집중) 사실 아저씨
는.... 영웅이야. (피!) 어? 못 믿는 거야? 그럼 증거를 보여주지.
(소매를 걷고) 자, 이거 보이지? 이게 아저씨가 악당하고 싸우다
가 난 상처야. 너희들! 아저씨가 전 세계 악당들하고 어떻게 싸
웠는지 궁금하지 않아? 얘기해 줄까? (네!) 대신 약속을 해 줘
야 해. 이건 너희들한테만 알려주는 비밀 이야기거든. 에떠 씨
끄릿! 이건 영웅들의 말로 비밀이라는 뜻이야. 너희들, 비밀 지
켜야 한다. 약속! (약속!) 영웅은 사실 피곤해. 매일 비행기를 타
고 세계 여러 나라를 다녀야 하고, 절대 정체를 들키면 안 되니
까 항상 변장을 해야 돼. 비밀을 지키는 건 참 피곤한 일이란다.

(10초 간격을 두고 연기해 주세요)

불안감이 엄습해 온 것은 바로 지난 여름이었다. 이전까지 나는 나 자신의 의지로는 아무것도 쓴 적이 없다, 문득, 내가 글을 쓸 수 있을지도 모른다는 생각이 떠올랐다. 나는 무엇이든 해야 했고, 그 불안은 너무나 거대했다. 내가 글을 쓰기 시작해야 할지 모른다는 생각은 아주 갑작스레 떠올랐다, 그것은 그 불안감이 엄습해 온 이후였다, 나는 무언가를 해야만 했고, 그 불안을 떨쳐 내야만 했다. 하루 중 가장 좋은 때였지만, 이제 해질 무렵은 아주 불안하다, 아주 끔찍하게 불안하다. 모르겠다. 이 불안감을 견딜 수 없는 까닭에, 나는 이 소설을 쓰고 있다. 나는 여기 앉아 있다. 나는 혼자다. 나는 여기 존재한다. 그것이 이 불안감이다. 나는 내 집, 다락방에 앉아, 글을 쓰고 있다. 지금 기분은 그리 나쁘지 않다, 막 쓰기 시작했을 따름이지만, 소설을 쓰기 시작한 것은 좋은 생각이었다고, 나는 생각한다. 이 불안감은 견딜 수가 없고, 그것이 내가 글을 쓰는 이유다.

KBS 제49기 전속 성우 1차 시험문제 (여자)

(생선 발라 아들 밥 위에 올려주며) 싹싹 발라먹어. 고등어 한 마리가 글쎄 5천 원이야, 5천 원. (밥 먹는 아들을 물끄러미 바라보다가) 문자 했어? 만나서 반가웠습니다, 했어? 안 했으면 오늘 서너 시쯤에 문자 한 번 더 넣어. 주말에 만나자고. 결혼은 남자가 적극적이어야 이뤄지는 거야. 학교 선생에 나이도 30대고 이런 조건 잘 없다. 누가 먼저 채가기 전에 무조건 잡아야 해, 응? (꾸역꾸역 먹기만 하는 아들이 속 터진다) 제발 이번에 끝내 자. 엄마가 명색이 마담뚠데 제 아들은 장가 못 보냈다고 뒤에서 얼마나 수군대는지 알아? 내가 면이 안 선다고. 네가 가야 나도 당당히 수임료 올려 받을 거 아니야. 아가씨한테 문자 해. 꼭! 알았지? (묵묵부답 아들에게 열받기 시작) 내가 오죽했으면 그래, 오죽했으면. 평생 혼자 늙어 죽을 거야? 내가 입이 부르트도록 둘이 낫다고 말하는 건 다 이 엄마 경험에서 나온 거야. 너는 나처럼 외롭지 말라고 힘들지 말라고 하는 걸 왜 몰라. (숨이 턱턱 막히며) 대체 언제까지 말해줘야 알아들어? 어? 아휴 왜 이래. 숨이... 숨이 안 쉬어지네. 과.. 광세야.

(10초 간격을 두고 연기해 주세요)

눈부신 날이다. 아스팔트는 아른거리며 빛을 내고, 사람들은 칼로 베듯 군중을 헤치고 나아가고, 건물들은 보기 드물게 푸른 하늘을 배경으로 뚜렷하게 도드라져 보인다. 인도에는 사람들이 떼로 모여 있고 차들이 내는 소리는 귀가 먹먹할 정도다. 나는 천천히 걷고 사람들은 내게 부딪친다. 채 1킬로미터를 가기도 전에 내 걸음은 빨라지고, 두 눈의 긴장이 풀리고, 두 귀는 소음에서 해방된다. 여기저기서 끝없이 전진하는 군중으로부터 떨어져 나온 누군가의 얼굴이, 몸이, 몸짓이, 되살아난 내 주의를 잡아끈다. 도시가 들리고, 그 존재가 느껴지기 시작한다. 마른 체구에 잘 차려입은 이십 대 남자 두 명이 내 곁을 스쳐 지나간다. 한 남자가 다른 남자에게 빠르게 말한다. "그 여자는 알아줘야 돼. 아무것도 없었는데 거기까지 올라갔잖아. 진짜 개뿔도 없었는데." 나는 웃음을 터뜨리는 바람에 박자를 놓친다. 실례합니다, 미안해요, 죄송합니다.... 피부색이 어두운 매력적인 중년 커플이 사람들 속에서 모습을 드러낸다. 그들이 나와 나란히 걷게 되었을 즈음 남자가 여자에게 말한다. "항상 내 책임이지. 당신 책임인 적은 단 한 번도 없고."

EBS

EBS는 2년에 한 번씩 전속 성우를 모집하는데, 한 번에 남녀 합쳐서 2~4명 정도를 채용해요. 적은 인원수죠. EBS의 1차 시험은 미리 공개된 단문을 녹음하여 MP3 파일로 제출하는 거예요.

EBS의 시험문제는 아역, 청소년, 노역, 해설 등으로 나뉘어서 출제되는데, 단문은 애니메이션이나 영화의 한 장면에서 나오죠. 그래서 애니메이션에 등장하는 아역과 청소년, 노역 연기를 모두 준비해야 해요. 이는 기본적으로 변성 연기를 바탕으로 하고 있는데, 조심해야 할 점은 연기를 이상하게 꾸미거나 과장되게 하면 안 된다는 거예요.

아역 연기라도 마치 드라마 연기처럼 자연스럽게 실제 아이가 말하는 것처럼 하는 것이 중요하죠. 애니메이션 연기라고 해서 말투를 부자연스럽게 꾸며 연기를 하면 점수를 잘 받지 못해요. 또 EBS도 KBS처럼 해설을 매끄럽게 잘 소화해 내야 하니 안정적인 톤과 정확한 발음이 필수적이죠.

다음은 EBS의 2025년도 성우 채용 시
실제로 출제됐던 문제입니다.

EBS 전속 성우 공채 1차 시험 대본 (남자)

1. 1인 해설물 (다큐멘터리) (A형, B형 모두 녹음)
A형

합계출산율 0.78. 세계적인 석학을 충격에 빠뜨린 이 수치가
일 년 만에 또다시 내려앉았습니다. 2006년부터 투입한 예산
만 380조. 천문학적인 예산 투입에도 출생아 수는 20년 사이
반이나 감소했습니다. 이제 대단지 아파트가 빼곡한 대도시에
서도 저출생 쇼크는 현실이 됐습니다. 아이들을 위한 시설들은
노인 시설로 바뀌고 있습니다. 지금까지 보아온 건 그저 시작
에 불과할지 모릅니다.

B형

어느 날 갑자기 찾아오는 혈관의 위험 신호! 돌연사를 부르는
혈관 노화의 모든 것, 지금 시작합니다. 엄마의 혈관 건강이 걱
정된다는 딸의 제보. 20년째 고혈압 약을 먹고 있다는데요. 최
근엔 이상한 증상까지 나타난다고 합니다. 30분 정도 인터뷰
를 이어가던 무렵! 허벅지에 쥐가 났습니다. 하나둘 나타나는

이상 증상, 정말 혈관 때문일까요?

2. 10대 캐릭터 (애니메이션 대사)

(역사나 신화에 대해 잘 알고 있는 수포자 중학생. 시간여행 중 저승 세계에 도착해 자신의 지식과 추리력으로 일행들이 기억을 잃게 된 비밀을 밝혀내며 기뻐한다. 밝고 명랑한 너드 캐릭터)

레테의 강? 드디어 내가 나설 차례인가! / 레테의 강은 그리스 신화에 등장하는 저승의 강!! 이 물을 마시면 살아있을 때의 기억은 모두 잊는다는 전설이 있지!! / (의기양양) 내가 이런 쪽으론 좀 천재라고 할까?? 으하하하!! / (깨달은 듯) 아! 그래서 그 애들이 기억을 잃은 거구나! 레테의 물을 마셔서! / 근데 왜 난 괜찮은 거지? / (생각하는 호흡) 분명 기억을 잃지 않는 이유가 있을 거야... / 기억을 잃지 않은 이유... 좋아 생각하자 생각! 넌 더 이상 수포자가 아니야!! 수학적 사고로!! 넌 할 수 있다!! / 그 애들 말고 나만 한 게 뭐가 있지? / 그래!! 나만 웅덩이에 빠졌지?? 거기로 가보자!! / 이 웅덩이에 비밀이 있을 거야.

3. 20~30대 캐릭터 (애니메이션 대사)

(로봇 캐릭터들의 대결 장면. 동생 로봇의 대결을 바라보며, 겉으로는 동생을 응원하는 의젓한 형의 모습으로 말하지만, 속으로는 오두방정, 자아도취적 면모를 보이는 로봇 캐릭터)

(상대에게 연타를 날리고 있는 동생을 바라보며) 스파킹포스 너클은 1초에 6발, 아니 60발! 아니, 600발 연발하는 피할래야 피할 수 없는 기술이지! 역시 내 동생이야!! (뭔가 이상)... 응? (상대가 모두 펀치를 막아내고 있다) 스타가디언 녀석... (속으로) 저걸 다 막아내고 있어...! (두 로봇의 대결을 끼어들려고 준비하는 다른 로봇을 막으며) 동생은 정정당당하게 싸우고 있어. 방해하면 용서 않겠다. (독백) 크으~! 봤냐, 동생아!! 이 형이 널 위해 비겁한 방해꾼... 으을... (독백-실망+뻘쭘) 아... 못 봤구나... 뭐, 괜찮아. 아무도 널 방해하지 못하도록 할 테니까 마음껏 정정당당하게 싸워라!

4. 70대 캐릭터 (애니메이션 대사)

(젊은 날 유명 화가의 제자로 있다가 스승의 그림을 보고 자신은 재능이 없다고 생각하고 화가의 길을 포기한 70대 노인. 문화센터에서 서예 교실 강의를 하고 있다. 중요한 건 그림을 그리는 걸 즐기는 거라는 걸 뒤늦게 깨닫고 그걸 알려준 제자에게 편지를 쓰는 내용)

답장이 몇 주나 늦어져서 미안하구나, 학급 부장. 네가 보내주는 편지와 그림들은 놓치지 않고 읽고 있단다. 아마추어 미술전에 도전하겠다는 이야기에는, 편지를 떨어뜨릴 만큼 놀랐단다. 아주 반가운 소식이었어. 선생님도 지지 않고 바쁘게 일상을 보내고 있단다. 지난주에는 내 스승님의 그림을 보러 갔었다. 그분 그림 앞에 서자, 잊고 있던 목소리가 들리더구나. 나를 도망치게 만든 머릿속 소리들이... / (젊은 날 회상. 30대 초반의 모습, 밤에 선생님의 호랑이 그림 앞에 서서) 세상에 필요한 그림은 이미 여기 있는데, 나는 왜 그림을 그려야 할까... / (현재, 집에서 한지를 펼치며) 하지만, 이제는 알고 있지. (휘릭휘릭, 한지 위를 날아다니듯 춤추는 붓) 일단 그리기 시작하면, 목소리들은 거짓 말처럼 조용해진다는 걸.

EBS 전속 성우 공채 1차 시험 대본 (여자)

1. 1인 해설물 (다큐멘터리) (A형, B형 모두 녹음)

A형

합계출산율 0.78. 세계적인 석학을 충격에 빠뜨린 이 수치가 일 년 만에 또다시 내려앉았습니다. 2006년부터 투입한 예산만 380조. 천문학적인 예산 투입에도 출생아 수는 20년 사이 절반이나 감소했습니다. 이제 대단지 아파트가 빼곡한 대도시에서도 저출생 쇼크는 현실이 됐습니다. 아이들을 위한 시설들은 노인 시설로 바뀌고 있습니다. 지금까지 보아온 건 그저 시작에 불과할지 모릅니다.

B형

어느 날 갑자기 찾아오는 혈관의 위험 신호! 돌연사를 부르는 혈관 노화의 모든 것, 지금 시작합니다. 엄마의 혈관 건강이 걱정된다는 딸의 제보. 20년째 고혈압 약을 먹고 있다는데요. 최근엔 이상한 증상까지 나타난다고 합니다. 30분 정도 인터뷰를 이어가던 무렵! 허벅지에 쥐가 났습니다. 하나둘 나타나는 이상 증상, 정말 혈관 때문일까요?

2. 유아 캐릭터 (애니메이션 대사)

(원래 강아지였는데... 신비로운 힘으로 사람이 되었다. 유치원에 다니는 정도의 지능과 언어구사력을 가지고 있으나 개의 본능이 남아있다.) (네잎클로버를 찾는 호흡 / 발견하는 호흡) 어! 이건 언니도 봐야해! / 이리 와봐! 언니! 빨리빨리! / 여기! (네잎클로버가 사라진 걸 발견하고 의아해하는 호흡) 어...? 여기 네잎클로버가 있었는데 누가 가져갔어! 혹시 도둑? / (명탐정 흉내 내며) 이건 네잎클로버 도난 사건이야! / (탐정 흉내 내며 속삭이듯) 범인은 분명히 현장에 돌아온다고 했네... (뭔가 발견하고) 아니! 이 소리는! 찾았다! 이것 봐! 엄청 멋진 바람개비야! / (네잎클로버 찾는 중 아니었냐고 묻자 당황) 으악! 이런 함정을 파 놓다니... 역시 엄청난 도둑! / 흐음... 냄새가 나... (핫도그 먹는 학생들을 보자 군침을 삼키며) 근데 조수! 혹시 핫도그 먹고 싶지 않은가? 여기 핫도그가 진짜 맛있다네... 핫도그... (침 흘리며) / (핫도그 우물대며) 찾았다! / (친구가 네잎클로버를 잔뜩 따와서 같이 행운의 편지 만들기로 하지 않았냐고 하자 당황) 우악! 하하..하하..하..하.. 맞아... 네잎클로버로 행운의 편지 만들기로 했지... (급 화색) 역시 난 명탐정이다!

3. 10대 캐릭터 (애니메이션 대사)

(인어공주가 인간으로 변신해서 학교에 다니고 있는 상황. 다른 인어

공주에게 자신의 공주다움을 보여주려고 했다가 오히려 당한다. 호기심 많고 명랑한 성격의 10대)

(아빠를 찾으며) 아빠! 아빠! (의아한 호흡) 어디 가셨지? (목걸이 발견하고) 우와~ 예쁘다! 아빠가 기대하라던 선물이 이거였구나! (기쁜 웃음) / 좋았어! 내가 공주답지 않다고 했겠다? 이 목걸이를 하고 가서 콧대를 납작하게 해줘야지! (키득 웃음) / (의기양양하게) 안녕? 반짝반짝한 아침이야~ / (친구가 그 목걸이 나 따라 한 거냐고 묻자) 너만 공주냐? 나도 공주거든~ 이런 목걸이쯤 색.깔.별로 가지고 있다고~ 어때? 이제 좀 공주다워 보여? / (격식에 맞는 차림새를 하는 게 공주의 기본 소양이라고 공주 사전에 나온다고 하자 당황하여) 고..공..공주 사전? / (함께 있는 요정이 얘는 공주 사전은 베개로나 쓴다고 하자 화가 끓어올라) 뭐? 공주 사전은 베개로나 쓴다고? 우이잇!! 아니거든~!! (씩씩대며) 두고 봐! 공주 사전! 통째로 외워줄 테니까!! (분노해 책 펼치는-집중해서 읽는-졸린 호흡) ...코... (잠꼬대 하는 호흡) 음냐음냐... (애드리브)

4. 60대 캐릭터 (애니메이션 대사)

(키가 몹시 크고 기골이 장대한 할머니로 힘이 무척 세다. 어지간한 문은 여는 순간 부서질 정도로 괴력의 소유자. 조카손녀가 사춘기가 와서 문을 쾅쾅 닫는다는 제보를 받고 사춘기 딸을 대하는 좋은 방법

세 가지를 제안하는 상황)

(사춘기 온 딸을 어떻게 대해야 할지... 뭐 좋은 방법 없을까요? 조카가 물으면 고민하는 호흡) 음... 사춘기 온 딸을 어떻게 대해야 하냐... 그려, 이 이모한테 세 가지 해결 방안이 있는데 한번 골라볼텨? / 1. 부드럽게 대화를 해본다. 2. 따끔하게 혼 내킨다. 3. 말없이 지켜본다. / 1번을 골랐어? 그려, 모름지기 모든 갈등은 대화로 푸는 법이여 / (문 부수고 들어가서 엄청 무서운 표정으로) 수아야, 니가 요즘 예민하고 고민이 많은 거 같은데 이 이모 할미한테는 힘든 거 다 말로 해야지. 그렇게 으른들 앞에서 문을 쾅쾅 닫고 다니면 어쩌자는 겨. 응? 잘못 혔지? 이젠 안 그럴 거지? / 2번도 궁금하다고? 그려, 한 번씩 세게 나가줘야 야도 정신 차리고 하는 거여! / 수아야!! 엉? 이 이모 할미가 니 그렇게 안 봤는데 말이여! 엉?! 어디 문을 쾅 닫고 방에 들어가는 겨! 엉! 또 그럴 겨 안 그럴 겨! (격하게 도리도리하는 수아 보고) 문제 해결. / 3번도 알려달라고... 그려, 이럴 땐 그저 말없이 기다려주는 게 상책이여. (무서운 표정으로 말없이 지켜보다)... 안 그럴 거지? (격하게 고개를 끄덕이는 손녀를 보며 흐뭇하게 웃는다) 허허 허허 / 이 봐라, 이리 쉽게 문제가 해결되지 않냐.

대원방송

대원방송은 매년 성우를 채용해요. 한 번에 남자 3명, 여자 3명 정도를 모집하죠. 대원방송도 1차 시험은 미리 공개된 단문을 녹음하여 MP3 파일로 제출하는 거예요. 시험문제는 애니메이션의 여러 캐릭터를 잘 표현하는지를 보는 문제들이고요.

캐릭터 설명이 되어있고 대사가 주어져요. 여기서 중요한 것은 설명되어 있는 캐릭터를 얼마나 제대로 잘 표현하고 있는지죠. 캐릭터를 표현하는 것은 성우 연기 과정 중에서 가장 난도 높은 부분이에요.

기본적인 변성과 자연스러운 연기가 되고 난 후에야 캐릭터를 표현할 수 있기 때문이죠. 만약 연기의 기본기가 훈련되어 있지 않으면 캐릭터 연기가 너무 과장되거나 우스꽝스럽게 될 수 있어요. 그렇기 때문에 대원방송의 시험이 가장 난도가 높지 않을까 생각해요.

2차 시험부터는 실제 애니메이션에 입을 맞추어 연기하는 더빙 시험도 봐요. 더빙 시험을 보기 위해서는 실제로 애니메이션 더빙을 하는 더빙 공부도 미리 해둬야 하죠. 애니메이션 화면에 등장하는 캐릭터의 모습과 잘 어울리게 목소리 표현을 해야 하기 때문이에요.

대원방송은 시험문제에 해설이 나오지는 않지만, 애니메이션 연기 공부를 하지 않고는 시험에 합격하기가 매우 어려운 방송사예요.

다음은 대원방송의 15기 전속 성우 채용 시
실제로 출제됐던 문제입니다.

대원방송 15기 전속 성우 공채 1차 (남자)

1. 10대 히어로

개성 발경!

일정한 움직임을 계속 반복해서 운동 에너지를 일시적으로 축적하고, 또 방출한다.

공격당하는 동안 몸을 보호하기 위해 다리를 접고 펴면서 힘을 모았어.

거기에, 원 포 올 45퍼센트! 추가로! 원심력까지! 우리 세대라면 누구나 알고 있어.

총알보다 빠르게 달려가는 올마이트의 모습을!

(사력을 다해) 유사 100퍼센트!! 맨체스터~~! 스매시~~!!!!!!

총신이 부서졌어! 다 끝났어요, 레이디 나강!

2. 10대 남아

(쉬지 않고 템포를 살려)

밤에 본 백두산처럼 우뚝 솟은 무릎

곧추 자란 밤나무처럼 부드러우면서 강한 도가니!

요염한 칠흑의 머리카락에 매력은 배가 되었노라!

작은 동물을 연상시키는 동그란 코! 아! 그 눈은 보석처럼 반짝반짝 빛나고

시시각각 변하는 표정은 황홀해! 아무리 봐도 질리지가 않지!!

로보코의 웃는 얼굴은 주변을 따뜻하게 비추는

표면온도 6000℃, 지름 139만 2천km의 태양과도 같도다!

3. 연령 미상 악마

(울먹이며)

아무리 내가 악마라고 해도 그렇지... 굳이 도망칠 건 없잖아~

요샌 도통 불러주는 사람도 없고...

오랜만에 누가 부르길래 신이 나서 뛰어나왔더니만...

그래도~ 이왕 나온 거, 이거 줄게, 데빌 카드야.

이렇게 한 번 흔들면~! 이것 봐~ 3백 원이 나옵니다!

촌스럽기는~ 나도 영혼 같은 건 필요 없거든.

그냥 니 키를 조금만 가져가면 돼.

니가 3백 원을 가져가면 니 키가 1밀리미터 작아져.

겨우 1밀리미터라구~?

그만큼 안 쓰면 될 거 아냐~ 내가 서비스도 줄게!

4. 40대 국왕

(독백) 나는 나약하다. 내 힘으로 싸울 배짱도 없는 비겁한 놈이다.

난 자신의 악을 정당화하는 어리석은 광대가 되었고,

모든 걸 기라한테 떠넘겼다. (X)

비겁, 비열, 최악... 그게 사악한 왕의 방식이잖아!

지금 이 자리에서 맹세해! 반드시... 반드시 백성을 구하겠다고!

가라, 기라! 슈갓덤 2천 년의 절망의 역사를,

끊임없이 되풀이된 싸움과 멸망의 역사를 여기서 끝내! 기라!!!!

5. 60대 과학자

(능력에 당해 점점 어려지며)

이럴 수가~! 이 반짝이는 물체가, 내 나이인가 보구나?!

힘없는 어린애로 만들다니! 돌려줘! 내 찬란한 세월을~! (잡히고 괴로워하며)

아냐 보니, 내가 이유를 말하면 너한테 큰 상처를 주게 될 거야.

약속했단 말이다! 쿠마랑!! 무시하거나... 그런 게 아냐...

나도 정말 괴로웠네...! 떠올리고 싶지 않을 만큼 말이야!

쿠마는, 아주 훌륭한 남자야! 참으로 자랑스러운 친구지.

난 그 녀석을, 그 누구보다 좋아해!

이해해 주게, 난 말할 수 없어!

안 돼!! 거기 서! 제발 가지 마!!!

대원방송 15기 전속 성우 공채 1차 (여자)

1. 10대 능력자

예순여섯이라니 무슨 소릴 하는 거야!

나는 영원히 파릇파릇한 열여섯 살이거든. 이상한 소리 좀 하지 말아 줄래?

그리고 경고하는데, 좋아한 건 내가 먼저라는 거 명심해 둬!

50년 전, 우리 둘은 운명적으로 처음 만났어.

사냥꾼과 사냥감의 비극적인 만남~ 데드찡은 감옥에서 이렇게 말했어.

(흉내 내며) 어~? 무슨 소리 하는 거야?

내가 너한테 져서 잡힌 건데, 미안할 게 뭐 있어?

조만간 난 여길 빠져나갈 거야. 그럼 그때 다시 한판 붙자.

꺄~~!! 멋~있~어~! 사랑해~!!!

2. 10대 남아

(대성통곡하며 / 빠른 템포로) 엄마~~

애들이 이상해요, 다들 매미가 나무에 둥지를 짓는대요.

매미는 유충 상태로 땅속에서 몇 년 동안 지내다가

다 자란 후에 겨우 밖으로 나오는 거잖아요~

엄마, 제 말이 맞죠? 그쵸? 걔들이 하는 얘기가 틀린 거죠?

근데 무식한 애들이 자꾸 나보고 틀렸대요~ / 엥...? 아...
나만 빼고 세상이 거꾸로 돌아가나 봐...

3. 20대 국왕

(노래 부르며) 포곤포곤 포곤포곤 포포곤 포곤포곤
솜털처럼 포곤한 몸~! 하는 말은 뾰족뾰족~(X)
잠깐.. 지금 뭐 하는 짓이야? 전부.. 전부 틀렸어!!!!
무슨 소리 하는 거야? 계~속 말했잖아 이건 오도화를 조사하
기 위한,
잠, 입, 수, 사~!!!! 니들 때문에 내 노력이 물거품이 됐어!
뭐, 됐고 강행 수단이다! 술법을 풀어라! 극칸을 돌려받겠다!
왕개무장!!

4. 연령 불명 만화가

(웃는다) 돌이켜보면 참 이상한 인생이었어. 외롭고 서글프고...
결국 엄마한텐 전하지 못했지만... 엄마, 보여? 저 사람이 앤디야.
불사인데다 무섭게 생겼지만 후코를 위해서라면 못 하는 게 없어.
후코, 불운 능력 때문에 힘든 삶을 살았지만
앤디를 만난 다음부턴 용기 내서 싸우고 있어.
그리고 저 조그만 아이가 립, 내가 엄마한테 알려 주고 싶었던
사람이야.

무척 다정하고 멋진 사람인데 사랑하는 사람을 잃고 나선,
자신을 억누르며 살아가고 있어. 어른이 되면 훨씬 더 멋있어!
엄마, 잘생긴 캐릭터 좋아했었잖아. 조금만 기다려. 지금 보여
줄게.
아니, 괜찮아. 난 다시... 혼자로 돌아갈 뿐이니까.
만나서 얘기할 수 있어서... 기뻤어. 뒷일을 부탁할게! 나의... 멋
진 히어로들...

5. 연령 불명 사신

난 강해, 당신 외엔 그 누구보다도!
그래서 난 당신을 죽일 겁니다. 백 번이든, 천 번이든
그래서 난 당신을 살릴 겁니다. 몇 번이든 끊임없이...
한 시대에 켄파치는 한 명뿐... 그건 정해진 법칙이자 피할 수
없는 숙명이죠.
난 지금 확신하고 있어요.
내가 손에 넣은 이 힘은 오로지 이 싸움만을 위한 거였다고요.
(사이) 후후... 어린애 같아... 뭘 그렇게 슬퍼하나요?
지금까지 내가 얻은 모든 것을... 당신에게 보냈어요.
이제 내 손엔 아무것도 없어요. 축하해 주세요, 자라키 켄파치
죽어가는 날 위해서... 아... 역할을 다하고 죽을 수 있다는 게..
얼마나 행복한 일인가?

투니버스

투니버스는 2~3년에 한 번씩 성우를 공개 채용하며, 한 번에 남녀 각 3명 정도를 선발해 왔어요. 1차 시험은 대원방송이나 EBS와 마찬가지로 파일 제출이에요. 투니버스 시험 단문 역시 애니메이션 더빙 지문으로 구성되지만, 대원방송과 달리 캐릭터에 대한 설명은 없어요. 아역, 10대, 20대, 중년, 노년과 같이 나이의 지칭만 있죠.

그러므로 투니버스의 단문 연기는 좀 더 라디오 드라마답게 할 수 있어요. 캐릭터의 표현보다는 대사의 내용에서 느껴지는 감정에 좀 더 초점을 맞춰야 하죠. 캐릭터를 표현하는 것도 내 마음대로 설정해서 할 수 있고요. 그래서 내가 잘할 수 있는 캐릭터를 보여주는 것이 중요해요. 나의 장점을 보여주는 것에 포인트를 둔다면 좋은 점수를 받을 수 있을 거예요.

투니버스는 애니메이션 공부를 하지 않았더라도 특별한 재능이 있으면 뽑힐 가능성이 있는 방송사예요.

다음은 투니버스의 11기 전속 성우 채용 시
실제로 출제됐던 문제입니다.

투니버스 11기 성우 2차 실기시험 문제 (남자)

1. 안녕하세요, 투니버스 11기 성우 모집 남자 2차 실기시험에
응시하는 (   )입니다.

2. 10대/자의식 과잉에 빠진 전사

내 어둠의 기척을 눈치채다니 과연 역전의 용사 아슈람이군.
난 사슴벌레족 사천왕 중 한 사람, 어둠의 전사 데스실드. 사란
도스를 지키는 어리석은 자들을 제거하는 것이 내 사명이다.
금단의 무도회가 날 부르는구나. 암흑의 충동이 나에게 춤추라
고 명령하고 있다. 어둠의 맹약에 따라 나와 함께 영혼의 공명
을 연주하자. 뭐? 어디 아프냐니. 훗, 하등동물들에게 내 숭고
한 말이 전해지지 않는 게 당연하지. 놀이는 여기까지다. 절망
의 모래 먼지가 소용돌이치는 저승으로 떠나도록 해라. 엘리멘
탈 코인. 모래. 하이퍼 데저트 샌드 스톰.

3. 20대/사건 분석관이 자신의 능력을 뽐내는

당신이군. 직감과 임기응변으로 사건을 추리하는 사기꾼 탐정

이 난 제프리 엘바, 사건 분석관이지. 그럼 내가 인사를 대신해 오늘 당신이 먹었던 음식을 맞혀 볼까? 내 분석에 따르면 차가운 민트 티와 과자까지 곁들였다면 라즈베리 파이를 먹었을 거야. 어떻게 알았냐고? 간단해. 오늘은 어제보다 기온이 3도나 높아. 이런 날 카페에서는 주로 민트 티를 마신다는 통계가 있지. 그리고 당신은 신경 쓰지 않는 듯해도 유행을 따르고 있어. 유행에 민감한 사람이니 이번 주 시장에서 파는 라즈베리를 놓칠 수 없었을 거야. 어때 사기꾼 탐정님?

4. 30대/죽은 친구를 되살리기 위해 악행을 저지른 악당

그날 이후로 난 널 되살릴 방법을 찾아 헤맸다. 동방의 주술을 거쳐 서방의 흑마술까지. 그리고 결국엔 알아내고 만 거야. 이 장치를 이용해 운명을 되돌리는 방법을. 그래. 드디어 너를 만나는구나. (눈물) 이제 우리 헤어지지 말자. 영원히. 우릴 배신한 이 세상이 어떻게 되든 나에게 필요한 건 오직 너 하나뿐이야. 또다시 헤어질 순 없어.

5. 50대/자신의 과거를 회상하며

그런데 우리 둘만의 시간이 오래 갈 순 없었지. 우린 아이를 갖고 싶었어. 아주 많이. 뛰어다니며 웃고 떠들고 말썽부릴 애들. 아이를 기다리면서 난 동화책을 쓰기 시작했지. 계속 그렇게 아이를 위한 동화책을 써 내려갔던 거야. 하지만 기다리던 아이는 결국 생기지 않았고 아내는 병이 들고 말았어. (한숨) 그렇게 아내가 내 곁을 떠난 뒤 난 인생의 길을 잃어버렸지. 지금도 가끔씩은 왠지 아내가 옆에 있는 듯한 느낌이 들어.

투니버스 11기 성우 2차 실기시험 문제 (여자)

1. 안녕하세요, 투니버스 11기 성우 모집 여자 2차 실기시험에 응시하는 (   )입니다.

2. 10대/환희에 찬 슈퍼히어로

오후에 열릴 성대한 제막식에 어떤 모습이 좋을까? 믿어져? 마을 광장에 내 동생이 세워진다니. 그것도 그 유명한 윈슬리 오키프의 작품이라고. 너희들의 고생을 모르는 건 아니지만 어쩌겠어? 유명한 사람은 바로 난데. 그나저나 전화 온 건 누구야? 뭐? 윈슬리 오키프 작가님이 사라졌다고? 그렇다면 세계 최고의 탐정이 필요하겠군. 그게 누구? 바로 나지. 출동. 야옹이 헬기로. 가제트볼 썬더 볼트. 파이어 온.

3. 20대/백수가 자신의 신세를 한탄하며

먹고살기도 바빠 죽겠는데 왜 이런 일이 생기는 거야. 내 인생은 왜 이렇게 꼬이기만 하지. 내가 뭐 허랑방탕하게 사는 것도 아니고. 해보겠다고 노력하는데 왜 맨날 이렇게 삑사리만 나는지 모르겠어. 진짜. 되는 일은 하나도 없고. 누가 너 어디까지 견디나 보자. 참기름 통에 넣고 비틀어 짜는 것 같아요. 맨날 미친 척하고 다니지만 나도 무지 힘들어요. 정말 미모 하나로 버텨온 나날들이야.

4. 30대/세상을 떠나기 전 남편에게 남긴 편지

사랑하는 계훈 씨에게 갑자기 편지를 받아서 놀랐지? 내가 펜을 든 건 당신이 날 오해하고 있는 것 같아서야. 당신이 전에 말했지? 해준 게 하나도 없어서 미안하다고. 계훈 씨. 당신은 나에게 많은 보물을 줬어. 당신과 함께 본 풍경, 당신과 함께 지내온 시간. 그리고 당신의 음악. 당신이 연주하는 바이올린 선율은 날 아름답고도 환상적인 곳으로 데려가 줬고 그때마다 난 커다란 행복을 느꼈어. 그러니까 자책하지 말아 줘. 왜냐면 앞으로도 당신이 날 떠올릴 때 내가 웃는 얼굴이었으면 좋겠거든. 계속 당신의 옆에서 지켜볼게. 우리가 다시 만날 그날까지. 시윤.

5. 40대/카리스마 있는 악마

너는 이 세상에 큰 불만을 품고 있다. 변변한 친구 하나 없고 널 필요로 하는 사람도 없으며 다들 널 없는 사람 취급하지. 넌 있으나 마나 한 존재야. 우린 너처럼 진한 어둠을 가진 사람을 찾고 있었다. 칠흑 같은 어둠. 순수한 마음을 가졌던 사람이 어둠에 물들면 그 색이 더욱 짙어지지. 그 도깨비 기어를 사용해서 조직을 만들어라. 그리고 네가 얼마나 대단한 존재인지를 이 세상 사람들에게 증명해 보이는 거다.

대교방송

대교방송은 2~3년에 한 번씩 성우를 뽑아왔어요. 게다가 인원도 남자 1명, 여자 1명 정도만 채용하기 때문에 들어가기가 매우 어려운 곳이에요.

대교방송의 시험도 EBS처럼 애니메이션과 해설 단문으로 시험을 봐요. 그리고 카메라 테스트도 하는데 성우 일은 물론 방송에 직접 출연해 MC도 보기 때문이에요.

대교방송은 한마디로 팔방미인을 선호한다고 생각하면 될 것 같아요. 그래서 목소리도 예쁘고 외모도 괜찮은 연기자라면 지원해 볼 수 있을 것 같아요.

다음은 대교방송의 11기 전속 성우 채용 시
실제로 출제됐던 문제입니다.

대교어린이TV 11기 전속 성우 1차 시험문제 (남자)

안녕하세요. 대교어린이TV 11기 전속 성우 공채 시험에 응시
하는 지원자 OOO입니다.
연기 시작하겠습니다.

1. 터커 (15세, 남, 통통하고 작은 체구, 소심한 성격에 약간 어눌한 말투)
천팔백삼십삼(1833)년 / 파마티 전쟁에서는, (음료수 빨대로 먹
다가) / 알즈니아가 처음으로, (햄버거 먹으면서) 승리하게 되었
다. // (상대방, 먹으면서 하지 말고 쉬라고 하자) 쉬라고? / 이번 역
사 과제가 얼마나 중요한 건데! / 마감이 내일이라고! / (상대방,
영혼 없이 "잘될 거야" 대답) (화남) 네가 어떻게 알아? / 요즘 악몽
때문에 역사 과제를 하나도 못 했단 말이야. / (책상에 엎어져 울
먹) 거의 일주일째 못 잤다고.. // (그때 컴퓨터에 음료수가 쏟아지
고) 으악... 안 돼! // (짜증) 으으으으으..! // 몇 주 동안 한 게 다
날아갔어~~ 으...! / (갑자기 소심) 내 성적은.. 어떡해? / (불안)
성적이 안 좋으면, 결국에는... / (울먹) 실업자가 돼서 박스 덮고
자게 될 거야! // (박스 보자) (비명) 으으아아아아... 흐... (기절)

2. 노드 (60대, 남, 2등신, 간사한 외계인 캐릭터)

지금 우리 바더리들이 물론 아주 강력하긴 하지만, (자신 없어지며) 한편으로는 / 약점도 있다고 할 수 있습니다... // (듣던 여왕 분노하자) (긴장) 사실은요, 여왕.. 폐하님 / 저희가 부서진 바더리들의 장점만 모아서.. (들뜸) 새로 만들어 봤습니다. / (웅장한 척) 저희가 야심 차게 준비한.. 새로운 발명품을..... 소개합니다! / 최고 중의 최고인 '바더리.. 대마왕'입니다~! / (여왕 못미더운 듯 쳐다보자 급하게) 보기와는 다르게 이 바더리는, 훈련을 잘 받아 능력이 향상되어 있으니 아무 걱정 마십시오~ / (여왕의 안심 표정에 음흉한 웃음 지으며) 이 도시에서 가...장 강력한 전사가 될 겁니다!! // (혼잣말) 결국 너를 없애 줄 나의 바더리! (간사한 웃음)

3. 건령 (20대, 남, 아재 개그를 좋아하는 허당 캐릭터)

(전쟁에 완벽 전략을 인정받아 왕의 호출 대기 중) 음.. 휴우.. // (헛기침) 세상에서 가장 뜨거운 바다는 어디일까요? / 아~ 열'바다'(열받아)! / 그럼 세상에서 가장 추운 바다는~? / 썰렁'해'~ // 하~ 속 시원하다! / 말장난 개그를 해야 맘이 편해져~ (길게 한숨) / (기다리던 왕실 문이 열리고 앞으로 걸어가면서) (혼잣말) 드디어 내 실력을 인정받는구나. / 하지만 지금부터 발언은 신중히 해야만 해. / 말장난은 가당치도 않지. / 말장난 금지, 말

장난 금지. // (왕 "바로 진격할 것인가, 밤까지 기다릴 것인가, / 자네 생각은 어떤가?") 네? 아, 네. / 진격을 밤에 하느냐, 바로 하느냐 / 밤에 바로 하느냐.. // (혼잣말) 이럴 수가! / 나도 모르게 말장난을.. / (헛기침) 어~ 진격은...... 빠라바라바라'밤'~ 밤이 좋겠군요. // (화가 잔뜩 난 왕을 보고) 으아~ 또 말장난을! / 어쩌지? / 어쩌냐, 건령아~

4. 아버지 (40대, 독백 내레이션))

문득 아이가 태어난 순간이 떠오를 때가 있습니다. 그럴 때면 마음속 깊은 곳에서 차가우면서도 뜨겁고 보람되면서도 아쉬운 파도가 밀려옵니다. 아이를 키우는 부모라면 한 번쯤은 해보았을 이야기. "빨리 커서 혼자 밥 먹고, 노는 나이가 되면 좋겠다." 그런데 말이죠, 엄지손가락보다 작은 발바닥이 어느새 커서 학교를 등교하는 씩씩한 발로 자라고, 궁금한 거 많던 호기심쟁이가 쉼이 필요하다고 방문을 닫고 하루 종일 자는 귀여운 베짱이로 자라는 그 시간이 그나마 천천히 가기를 바라는 마음으로...... (엷은 미소) 그렇게 이쁘고 빛나는 순간이 쉽게 지나가 버리지 않도록 주문을 외워봅니다. "천천히 자라라, 천천히 자라라"

대교어린이TV 11기 전속 성우 1차 시험문제 (여자)

안녕하세요. 대교어린이TV 11기 전속 성우 공채 시험에 응시
하는 지원자 OOO입니다.
연기 시작하겠습니다.

1. 수빈 (12세, 여, 괴짜, 천방지축 사차원 소녀 캐릭터)

(자야 할 시간이라는 친구의 말에) 엥? 싫다면 어쩔래~? // 대신
으ㅎㅎㅎ / (갑자기 분위기 잡고) 있잖아, 그거 알아? / 울 학교
학생들 사이엔 이미 소문이 쫙 퍼졌던데? / 우리 학교가.... 저주
를 받았다는 거 말이야. (듣던 친구들 무서워하자 더 신이 나) / (괴
기스럽게 웃음) 소름 끼치는 오싹한 경험을 했다는 애들이 / 벌
써 몇 명이나 나왔다는 거야. / 창고에서 물건이 멋대로 움직이
는 걸 봤다는 애도 있고. / 분명 아무도 없는 복도에서, 흐느끼
는 소리를 들었다는 애도 있었지. / 게다가 지금은 전혀 쓰지 않
는 3층 화장실에서... 화장실에서... (친구들 잔뜩 겁먹은 모습을 보
고 뜸 들이다 갑자기 놀래키며 큰소리로) // 바퀴벌레가 나타났대!
캬캬캬캬캬캬캬캬캬캬!!!

2. 효린 (20대, 여, 소심하지만 추진력 만렙 캐릭터)

(짝사랑 남자를 위해 남장을 하고 남자의 회사로 찾아가 화장실에서

우연하게 마주친다) (화장실 안) 어? 화장지가 없잖아. 어떻게 하지? / 이로한테 전화를 해야 하나... / 전화기...... 이런 가방을 밖에 두고 왔잖아. 아 정말! (난감한 얼굴로 있는데 이때, 누군가 들어오는 소리가 들린다.) 흠흠. (목소리 가다듬고 남자 목소리로) 저기요. (혼잣말) 뭐야? 안 들려? // (더 크게) 저기요?! // 저기 죄송한데... 화장지 좀 주시면 안 될까요? 여기 화장지가 없어서. (던진 화장지 확 잡고선) 정말 고맙습니다. // (혼잣말) 어휴 살았다. (화장실 칸에서 나오는데 짝사랑 남 보인다. 너무 놀라 뒤돌다가 문에 이마를 부딪친다.) 아야!! // (얼굴 가리며) 괜찮아요. 전 괜찮아요. 신경 쓰지 마세요. 정말 괜찮아요!! /// (급하게 문 열고 나갔다가 다시 들어와) 저기... 근데 저... 응가 한 건 아니고요. / 혹시 이상하게 생각할까 봐. // (뛰어나가면서) 진짜 응가 아니에요.

3. 해준 (6세, 남아, 순수하고 귀여운 개구리 캐릭터)

난 포근한 게 너무 좋아 / 하지만 가려운 건 안 좋아해 / 그래서 지금 좀 곤란해 / 누나가 나한테 목도릴 줬는데 포근해 보이지만, 아주 가렵거든. / 이건 하고 싶지 않아 / 절대로 // (하지만 밖에 나갈 일이 생겨버리고) / 큰일 났네! / 목도릴 해야 할 날씨야 / 근데 목도리는 정말 하고 싶지 않은데 / 근데 이걸 말하면, 누나가 상처받을지도 몰라 / 어쩌면 좋지? / (생각하다 방법을

찾아 놀란 호) 이 목도리 밑에 가렵지 않은 목도리를 하면 되겠
다! / 좋았어! / 아~ 포근해 / 아악! 가려워! / 이렇게 해도 가
려운 목도리가 살에 닿잖아! / 밑에 목도리 두 개를 해야겠다
아니 세 개면 더 낫겠지?? /

4. 어머니 (40대, 독백 내레이션)

저는 똑똑히 기억합니다. 처음 아기를 안았을 때 말입니다. 이
작은 아기를 어떻게 안아야 할지 몰라 부서질까, 떨어질까 온
몸의 힘을 팔뚝으로 모았더랬지요... 아기의 기저귀를 처음 갈
때, 아기를 처음 목욕시킬 때, 아기에게 트림을 시킬 때... 나는
모르는 게 왜 그렇게 많았던지.. 아기가 이유를 알 수 없이 마냥
울 때, 아마 어찌할 바를 몰라 모두 똑같이 외쳤을 겁니다. "엄
마~ 아빠! 얘 왜 이래?"(작은 웃음) 그렇습니다... 엄마가 된 게
처음이라 모든 것이 서툴고 어려웠어요. 그런데 참 이상하죠?
그 미안하고 힘든 시절들이.. 가장 잊고 싶지 않네요.

성우 김지혜
스토리

어렸을 때부터 성우가 되고 싶었나요?

제가 어렸을 때 우리 집 카세트에는 항상 공테이프가 꽂혀 있었어요. 아빠가 해외로 출장을 많이 다니셨는데, 저와 제 동생이 평소에 하는 대화나 노래 부르는 육성을 녹음해서 해외에 가실 때마다 가지고 가셨거든요. 그래서 어렸을 때부터 공테이프에 목소리를 녹음하는 게 익숙했어요.

요즘에는 책을 구입하면 CD나 DVD가 들어있는 경우가 있는데, 예전에는 책을 전집으로 사면 그 안에 테이프가 들어있었어요. 성우 목소리로 책을 읽어주는 테이프였죠. 그걸 듣고 거기에 푹 빠져버렸어요. 예쁜 목소리로 책을 저렇게 잘 읽다니 완전히 감동한 거예요.

그게 초등학교 2학년 때쯤인 걸로 기억하는데, 저도 테이프 속의 성우들처럼 책을 잘 읽고 싶다는 생각이 들었어요. 그래서 그 테이프를 듣고 또 듣고 그것을 똑같이 따라 연습하는 게 즐거움이었죠. 그리고 똑같이 따라 읽는 걸 테이프에 녹음도 하고 들어보면서 혼자 놀았던 기억이 나요.

또 동화책을 읽으면 그냥 읽는 게 아니라 연기를 하면서 읽었어요. 성우들이 여러 가지 역할을 연기하잖아요. 그것을 몇 번씩 듣고 따라서 연습하는 거예요. 혼자 이 역할도 했다가 저 역할도 하면서 녹음했죠.

당시에는 제가 잘한다고 생각했어요. 혼자서 남자 목소리도 내고 여자 목소리도 내면서 잘한다고 생각했는데 나중에 어른이 되어 들어보니까 그냥 아이 한목소리로 모든 역할을 다 했더라고요. 어쨌든 어렸을 때부터 정말 성우를 하고 싶어 했던 것 같아요.

편 그 꿈이 계속 이어진 건가요?

김 그런 셈이죠. 하지만 그땐 성우가 꿈이라고 말하는 게 너무 쑥스럽고 창피해서 아무에게도 말하지 못했어요. 누가 커서 뭐가 되고 싶은지 물으면 선생님이나 화가가 되고 싶다고 이야기하곤 했어요. 성우라는 꿈은 마음속 깊숙이 묻어 뒀던 거 같아요.

그러다가 제가 초등학교 6학년 때 저희 바로 옆 반에 음악을 전공한 선생님이 계셨는데 EBS 라디오 방송에서 6학년 음악 수업을 진행하셨어요. 그 수업에 악기를 연주하고 노래도 할 학생들을 뽑았는데 제게 노래를 시키고, 문장을 읽어 보라고 하시더니 저를 뽑으셨죠. 그렇게 EBS 라디오 방송에 1년 동안 출연을 하게 되었어요.

전교생 중에서 6~7명 정도 뽑혀서 다니게 되었는데, 녹음을 하기 전에 스튜디오 밖에서 대기를 하면, 스튜디오 안에서는 성우들이 라디오 드라마를 녹음하고 있었어요. 저는 마음 속 깊이 성우에 대한 동경이 있었기 때문에 성우들이 녹음하는 모습을 보는 게 즐거웠고 더욱더 동경하게 되었어요.

그리고 6학년 음악 수업 녹음을 시작하기 전에 언제나 예쁜 여자 성우 한 분이 들어와서 "곧 6학년 음악이 방송됩니다."라고 안내방송을 하는 거예요. 그 모습이 너무 멋있어 보이고, 목소리도 너무 예뻐서 '나도 저렇게 되고 싶다'는 꿈을 키웠죠.

6학년을 마칠 때쯤 EBS 라디오 음악 수업에서 졸업생 노래와 스승의 은혜를 배우는데, 선생님께서 저에게 가사를 읊으라고 시키신 거예요. 그때 밤새 가사 낭독을 연습했던 기억이 나요. 가사 낭독을 하게 된 것이 너무나 기뻤어요. 방송할 때 너무 떨렸던 기억밖에 없지만 아마 그때 꿈이 더 구체화됐다고 생각해요. 그러다 대학교에 들어갈 때쯤 부모님께 성우를 하고 싶다고 털어놓았어요.

편 부모님의 반응은 어땠나요?

김 어느 날 부모님께 성우가 되겠다고 이야기했을 때 굉장히 놀라셨어요. 왜냐하면 제가 어렸을 때부터 대학교에 들어가기 전까지 정말 조용하고, 내성적이었기 때문이에요. 남들 앞에서는 누가 시켜도 노래 한 곡 부르지 않았거든요. 저희 부모님은 제가 너무 소극적이고 내성적이라 걱정을 많이 하셨는데 제가 갑자기 성우를 한다고 하니 너무 놀라신 거죠.

편 성격이 내성적이었다고요?

김 내성적인 면이 있었어요. 그런데 신기한 게 대학교 들어가면서 성격이 180도 바뀌었어요. 어렸을 때 친구들을 만나면 다른 사람이 앉아 있는 것 같대요. 저도 제가 어떻게 이렇게 성격이 바뀌었는지는 잘 모르겠어요. 어쨌든, 고등학교 졸업 이후에 적극적이고 활달한 성격으로 바뀌게 되었어요.

아니, 바뀌었다기보다는 제 안에 그런 성격이 내재되어 있었는데, 자라는 내내 그걸 몰랐던 거 같아요. 연기 공부를 시작하고 나서 제 성격은 더더욱 바뀌어서 고등학교 때까지 매우 이성적이었던 성격이 지금은 매우 감성적으로 되었죠. 저는 그래서 자라는 아이들의 성격을 그대로 믿지 않아요. 아이들 마음속에는 많은 성격이 내재되어 있어요. 다만 그것들이 발현되고 있지 않을 뿐이죠.

편 학창 시절 공부는 잘했나요?

김 공부를 열심히 했어요. 항상 반에서 5등 안에 들었죠. 성실하고, 부모님 말씀 잘 듣고, 엄마가 시키는 대로 하는 학생이었어요. 하지만, 앞에도 언급했듯이 대학교에 입학하면서부터 다른 성격의 제가 되었어요. 대학 방송국 활동으로 학교에서 밤을 새우는 일이 다반사여서 엄마와 격렬하게 부딪히기도 했어요.

제 생각에 공부를 열심히 하는 것은 나중에 꼭 뭐가 되기 위해서나 어떤 결과를 얻기 위해서라기보다는 공부를 열심히 하기 위해서 필요한 덕목들 즉, 성실성이나 책임감, 인내심 같은 것들을 기를 수 있다는 데에 그 중요함이 있는 거 같아요.

학창 시절에 어느 정도 열심히 공부를 한 사람들은 다른 일이 주어져도 매우 성실하게 그 일에 임하는 경향을 볼 수 있어요. 어렸을 때부터 몸에 붙은 성실한 습관은 나중에 사회생활을 할 때도 그대로 나타나서 어떤 일을 하더라도 인정받을 수 있도록 열심히 하게 되는 것 같아요. 그래서 학교 다닐 때 공부를 열심히 하는 습관은 의미가 있는 것 같아요.

편 학창 시절 특기나 관심사가 있었나요?

김 학창 시절 예체능을 두루 좋아했어요. 그림도 매우 좋아해서 한때는 미대를 갈까 생각도 했었고, 노래 부르는 것도 무척 좋아해서 성악을 전공하고도 싶었었죠. 또 가사 시간에는 옷 만드는 것도 관심이 많았고, 요리도 좋아했어요.

하지만 이것저것 조금씩 소질이 있는 정도였지 제가 보기에 아주 뛰어난 재능을 갖고 있진 않은 것 같더라고요. 예체능 분야에서 잘 되려면 정말 천재적인 소질이 있어야 하는데 저는 그 정도까지의 천재적인 재능이 있는 것 같진 않았어요. 그래서 청소년기엔 나아갈 길에 대해 고민이 좀 많았죠.

편 대학 생활은 어땠나요?

김 대학교에 가면 바로 학교 방송국 아나운서로 들어가는 게 목표였어요. 그때는 성우가 아나운서와 비슷한 직업이라고 생각했거든요. 성우에 대한 정보도 없고, 어떤 걸 공부해야 하는지도 몰랐기 때문에 일단 대학교 방송국에서 아나운서로 활동을 하면서 이 일이 나한테 맞는지, 성우가 될 재능이 있는지 검증을 해보고 싶었죠.

대학에 들어가자마자 방송국의 아나운서 시험을 보고, 대학 방송국 아나운서로 활동했어요. 제가 동국대학교 지리교육과를 나왔는데 과 동기들은 제 얼굴을 수업 시간 외에는 보기 힘들었어요. 학교 방송국에서 거의 살다시피 했거든요. 아침 8시 30분까지 등교해서 밤늦게까지 학교 방송국에서 일했어요.

마치 방송국과를 들어간 것 같았죠. 방학이고 뭐고 모두 반납하고 학교 방송국 일에만 매달렸어요. 지금 생각해 보면 그때 당시 유행했던 유럽 배낭여행도 한 번 못 가보고 왜 그랬나 싶지만 그땐 그 생활이 너무 즐거웠어요. 누가 시킨 것도 아닌데 미친 듯이 학교 방송국 생활에 올인했었죠.

대학교 방송국은 보통 아나운서로 들어가도 그 안에서 라디오 드라마도 하고 콩트도 해요. 아나운서의 역할과 성우의 역할을 같이 하는 거죠. 그러면서 성우로서의 재능을 조금씩 발견하고 자신감도 더 커졌던 거 같아요.

그래도 정말 성우가 될 수 있을까 불안했고, 자신은 없었어요. 성우는 특별하다고 생각했기 때문에 100% 확신은 없었죠. 그래서 나 자신을 테스트해 보기 위해 대학교 3학년 때 성

동국대학교 방송국 아나운서 시절

우 시험을 한 번 봤어요. 학교 방송국에서는 나름 잘한다는 이야기도 많이 듣고, 자신감이 충천되어 있을 때여서 진짜 시험에 도전해 보고 싶었죠. 그래서 그해 MBC 성우 공채 시험에 응시했어요.

그때 1차 시험을 보러 MBC에 갔는데, 여자만 2,000명이 왔더라고요. 정말 어마어마한 인원에 놀랐어요. 1차에서 50명을 뽑았는데 제가 1차에 합격한 거예요. 그래서 2차 시험을 보러 갔는데, 2차는 1차와는 분위기가 확연히 달랐어요. 일단, 함께 스튜디오에 들어간 다른 지원자들이 연기를 잘하더라고요. 모두 연기 공부를 하고 온 느낌이 들었어요.

저는 그때 2차에서는 떨어졌지만 예상했던 거고, 그래도 다른 지원자들과 비교했을 때 비슷한 수준으로는 연기했다는 생각이 들었어요. 성우 공부를 체계적으로 하면 그때 합격한 사람들보다는 잘 할 수 있겠다는 생각이 들더라고요. 그래서 시험을 끝내고 오자마자 부모님께 말씀을 드리고 MBC 문화원 성우 과정에 들어가서 본격적인 공부를 시작했죠.

편 KBS 공채는 어떤 과정을 거쳐 들어갔나요?
김 그때 당시 MBC는 MBC 문화원 학생 중에서만 특채를 채용했어요. 그래서 저도 '졸업과 동시에 MBC에 들어갈 수 있겠구나' 하는 생각을 하고 열심히 다녔죠. 지금 생각해 보면 그때는 무슨 이유에선지 자신감이 있었던 것 같아요.

하지만 인생은 제가 생각했던 대로 가주지 않더군요. 대학교 졸업과 동시에 MBC에 취직할 줄 알았던 제 생각과는 다르게 3차 최종 면접에서 뚝 떨어지고 말았어요. 그때 충격이 엄청나게 컸어요. 성우 시험은 많아야 1년에 한 번, 2년에 한 번 있기 때문에 다음 시험을 볼 때까지는 계속 공부를 해야 해요. 그렇지 않으면 감이 떨어지거든요.

성우 공부는 계속해야 했고, 대학교를 졸업한 이상 부모님께 용돈을 받아 쓸 수 없었기에 바로 일을 시작했죠. 학교 방송국에서 아나운서를 했던 경력을 바탕으로 사내 방송 아나운서 일을 시작했어요. 낮엔 일을 하고 저녁엔 성우 선생님께 사사하며 공부하는 세월이 시작됐죠.

그리고 1년 후 KBS 성우 시험을 봤는데 여기서도 또 최종에서 떨어진 거예요. 그때 당시가 아마 제 인생에서 가장 우울했던 암흑기였을 거예요. 성우가 되고 싶다는 생각만으로 하루하루를 버티다가 드디어 대교방송 성우 공채 시험에 합격했어요. 대교방송 3기 성우로 처음 전속 생활을 시작했죠.

그렇게 되고 싶던 성우가 되어서 성우 생활을 하게 되었지만, 대교방송에서 1년 성우 생활을 하면서 좀 더 큰 회사로 옮

기고 싶다는 생각이 점점 커져만 갔어요. 그 당시는 케이블 방송이 생긴 지 얼마 되지 않았을 때라 KBS 성우가 되어야 성우의 정통성을 이어받는 거라고 생각들을 많이 했거든요.

그래서 KBS, MBC에서 공채 시험이 있을 때면 대교방송 성우들과 투니버스 성우들이 응시를 많이 했었죠. 그래서 저도 다시 KBS 성우 시험을 봤어요. 이왕이면 큰 회사 출신의 성우가 되고 싶었거든요. 그리고 마침내 KBS 성우 시험에 합격했죠.

성우 시험이 참 어려워요. 필기시험이라도 있으면 열심히 암기라도 하겠는데, 실기시험이라 단문 몇 줄 연기하는 게 다예요. 1~2분 안에 내가 보여줄 수 있는 것을 모두 보여줘야 해서 어려울 뿐 아니라 운도 많이 작용해요. 어쨌든 우여곡절 끝에 KBS 성우 시험에 합격했어요.

편 KBS 성우가 되어 활동하니 어떠셨나요?

김 저는 하고 싶은 방송을 마음껏 할 수 있어서 전속 생활이 정말 즐거웠지만, 쉽지만은 않았어요. 특히 선배와 후배가 함께 생활하는 성우실은 방송국 내에서도 군기가 센 곳으로 유명했어요. 심지어 개그맨실 다음으로 군기가 세다는 이야기까지 있었죠.

물론 시대가 변하면서 예전만큼 엄격하지는 않다고 하더라고요. 하지만 제가 전속 생활을 할 당시에는 선배들에게 많이 혼나고 눈치도 보며 지냈어요. 덕분에 선배들과의 정도 깊어져 지금은 돈독한 사이를 유지하고 있죠.

편 선배들의 군기가 그렇게 센가요?

김 대부분 300대 1의 경쟁을 뚫고 들어간 사람들이라 기가 센 경우가 많은데, 선배들은 그걸 누르려고 하더라고요.

성우실에는 후배들이 해야 할 일이 많았어요. 전화 당번을 서거나, 배역이나 공지사항을 전달하는 등의 업무를 주로 담당했죠. 처음에는 그런 게 익숙하지도 않고, 선배들이 너무 많

대교방송 성우 시절 MC

으니까 이름조차 못 외우는 거예요. 선배 이름을 착각해서 배역 연락을 잘못하다 혼나기도 하고, 선배가 왔는데도 못 알아보고 인사를 안 해 혼나기도 했어요.

후배들의 이야기를 들어보니 요즘에는 택배 업무가 많아 졌다고 하더라고요. 선배들이 주문한 택배를 직접 1층까지 내려가서 받아오고, 택배가 왔다고 연락도 해야 하는 등 잔심부름이 많다고 해요. 하지만 저는 성우가 너무 되고 싶었기 때문에 연기하는 것만으로도 정말 행복했어요.

편 프리랜서가 되어서는 어땠나요?

김 프리랜서가 되면 일단 적응 기간이 필요해요. 매달 받던 월급이 나오지 않고, 캐스팅되어야만 수입이 생기기 때문에 갑자기 집에서 섭외 전화를 기다리는 신세가 되죠. 처음에는 그런 상황에 적응하기가 쉽지 않아요. 캐스팅이 되지 않으면 말 그대로 백수이기 때문에 며칠 일이 없으면 마음이 불안해 지는 거예요. 그 적응 기간이 한 3개월에서 6개월 정도는 걸리더라고요.

편 성우 활동을 하면서 어떤 작품을 하셨나요?

김 연기한 작품은 많은데, 사람들은 작품이 인기가 있어야 알아봐 주시더라고요.

최근 작품 중 가장 잘 알려진 건 〈구름빵〉이란 애니메이션
의 '홍시' 캐릭터예요. 이 역할은 목소리를 독특하게 잡아달라
고 해서 소리를 많이 갈아서 잡았더니 하고 나면 목이 너무 아
프더라고요. 소리를 맑게 내지 않고, 목에 스크래치를 내서 하
느라 고생이 많았지만, 아이들이 '홍시' 목소리를 좋아해 주니
보람을 느끼죠.

그리고 영국의 BBC에서 제작한 〈닥터 후〉라는 작품에서
'에이미'란 캐릭터를 맡았는데, 제가 했던 역할 중에 가장 좋아
하는 캐릭터예요. '에이미'란 캐릭터가 제 성격이랑 흡사해서
재미있는 부분이 많았고 내용도 재미있어서 즐겁게 일했던 기
억이 나네요.

영화 캐릭터 중에서 기억에 남는 것은 〈첨밀밀〉의 '장만옥'
역할이에요. 예전에 봤을 때와 더빙을 위해 다시 본 〈첨밀밀〉
은 전혀 다른 느낌이었어요. 세월이 흐른 다음 보니 공감 가는
부분도 더 생기고 감정 몰입도 잘 되더라고요. 아마도 그냥 봤
을 때와 직접 더빙하는 것에는 몰입도의 차이가 있어서 그런
거겠죠.

또 〈시간 여행자의 아내〉라는 영화가 있어요. 거기서 아내
'클레어' 역할을 했죠. 마지막 장면의 대사는 목이 메어서 안

용마초등학교
팬 사인회

나올 정도로 감정 이입이 되었어요. 영화는 잔잔했는데 마지막 장면에서 갑자기 목이 메면서 눈물이 나는 거예요. 마치 나에게 벌어지는 일 같았어요. 영화 더빙의 매력은 이런 데에 있는 거 같아요.

편 팬들도 있나요?

김 팬들이 좀 있어요. 어떻게 알고는 문자도 보내고, 블로그를 통해 쪽지도 보내더라고요. 제가 애니메이션에서 연기한 캐릭터를 직접 그려서 액자에 넣어 보내주기도 하고요. 고마운 일이죠.

[편] 다른 분들도 팬들과 교류하나요?

[김] 예전에는 성우들이 팬들과 직접 만날 수 있는 창구가 많지 않았어요. 하지만 요즘 후배들은 직접 블로그나 카페를 운영하면서 좀 더 팬들과 가까워지려고 노력을 많이 하죠. 그래서 팬클럽도 생기고, 팬들과 정기적인 모임도 하고 있는 거 같아요.

[편] 자녀 이야기도 좀 해주세요.

[김] 딸만 둘이에요. 현재 대학생, 고등학생인데, 어릴 때 어린이 성우로 활동했어요. 큰딸은 디즈니 애니메이션 〈투모로우 나라의 마일스〉에서 '로레타' 역을 했고, 100편이 넘게 더빙을 했죠. 주인공이 엄마, 아빠, 딸, 아들 이렇게 한 가족인데, 제가 엄마 역할이고, 저희 딸이 딸 역할이었어요. 지금까지 20년 가까이 성우 생활을 하면서 가장 의미 있는 작품인 거 같아요.

둘째 딸은 카툰 네트워크의 〈썸머 캠프 아일랜드〉에서 '퍼들' 역을 맡아 연기했고, 광고나 교재 녹음도 했어요.

아이들이 어린이 성우 활동을 시작하게 된 건, 제가 운영하는 아카데미에 어린이 성우교실을 만들 때 초창기 멤버로

합류시키면서부터예요. 샘플 작업할 때 같이 참여시키고, 홈페이지에 멤버들의 프로필과 영상을 올려놨는데, 그걸 보고 캐스팅이 들어온 거죠.

큰딸의 경우, 애니메이션 녹음이 꽤 까다로워서 녹음 전에 집에서 영상 시사를 해 가는데 연습할 때 잔소리를 많이 했어요. 제가 보기엔 부족한 부분이 많이 보여서 본의 아니게 잔소리를 많이 했는데, 딸은 오히려 재미있어했죠.

아이들은 성인 성우에 비해 발음이 정교하지 않아 녹음 시간이 오래 걸리는 편이에요. 삼십 분짜리를 녹음하는데, 처음에는 두 시간씩 걸리기도 했어요. 나중엔 한 시간 정도로 당겨지긴 했지만, 아이들한테는 힘든 작업일 수 있는데, 힘들다는 얘기는 안 하더라고요.

큰딸은 즐겁게 성우 일을 하더니 중학교 2학년이 되면서 학원 스케줄이 바빠져 성우 일을 그만두겠다고 하더라고요. 다른 분야에 대한 꿈을 키우게 된 거죠.

편 교육 사업 이야기도 들려주세요.

김 저는 오랫동안 성우 아카데미를 운영해 왔지만, 처음부터 아카데미를 하려고 했던 건 아니었어요. 2001년 몇몇 학생들이 찾아와 소규모로 가르치는 일을 시작했는데, 놀랍게도 처음에 가르친 네 명 중 두 명이 KBS 성우에 합격했어요. 이후에도 다섯 명이 또 찾아와서 가르쳤는데, 2002년에 그 다섯 명 중 한 명이 KBS에 합격했죠.

사실 그 당시에는 녹음도 많았고, 방송 일 만해도 벅찬 상황이라 아카데미 운영은 생각지도 못했어요. 그런데 가르치는 일을 하다 보니 저도 가르치는 데 재미를 느끼게 되더라고요.

매년 합격생을 배출하면서 입소문을 타고 학생들이 꾸준히 늘어났어요. 그러다 어느 순간 교육을 계속할 거면 학원을 차려서 제대로 해야겠다는 생각이 들었고, 그래서 성우 아카

제자와 함께
(대원방송 김보나 성우)

제자들과 함께 (대원방송 이창민, 박성영 성우)

제자들과 함께 (투니버스 김가령, 손수호 성우)

데미를 시작하게 된 거예요.

지금 하는 교육 사업도 똑같아요. 제가 사업을 하겠다고 생각한 적은 없었는데, 요즘은 어린아이들이 직접 애니메이션 녹음을 하더라고요. 제가 아카데미를 하고 있으니, 자연스럽게 어린이 성우 과정을 방학 특강으로 열면 괜찮을 거 같다는 생각이 들었죠.

그래서 딸들과 친구들, 사촌들을 불러서 샘플 강좌를 열어 봤어요. 아이들이 직접 애니메이션을 더빙해 보는 강좌였는데 그때 깜짝 놀랐어요. 아이들이 처음에는 낯설어했지만, 조금만 끌어주니 금방 연기를 하는 거예요. 예상보다 빨리 더빙에 적응하고, 첫 작품을 너무나 그럴듯하게 만들어냈어요.

너무 대견해서 주변 사람들에게 보여줬더니, 다들 애들이 처음 한 작품이 맞냐며 놀라는 거예요. 그중에 방과후 교실 선생님을 했던 학부모 한 분이 계셨어요. 그분이 이 영상을 보고는 방과후 수업으로 들어가면 좋겠다고 했는데, 그 얘기가 제 귀에 꽂힌 거죠. 방과후 수업에 어린이 성우교실을 만들어야겠다는 생각이 온통 제 머릿속을 채웠어요. 그래서 그 길로 바로 사업을 시작하게 된 거예요.

2014년 봄, 저는 어린이 성우교실을 시작하며 방과후 사업에 뛰어들었어요. 사업 경험이 전혀 없었던 저에게는 쉽지

않은 도전이었죠. 하지만 열정 하나로 뛰어들어 200여 개 초
등학교에서 4,000명의 학생에게 성우 수업을 진행하며 성장
했어요.

　하지만 코로나19 팬데믹으로 인해 방과후 학교가 문을 닫
으면서 큰 어려움을 겪었어요. 많은 강사들이 일자리를 잃었
고, 저 역시 예전만큼의 활기를 되찾지 못했죠.

　이러한 위기를 기회로 삼아 2020년 7월, 초중고생을 대상
으로 하는 '리틀 보이스' 아카데미를 오픈했어요. 다행히 많은
학생이 관심을 가져주었고, 현재 360명이 넘는 학생들과 함께
하고 있죠. 코로나19라는 어려운 시기를 겪으면서 새로운 도

윤중초등학교 더빙 체험

목소리로 세상을 두드리는
성우

전을 시작했고, 그 결과 또 다른 성장을 이뤄낼 수 있었어요.

 미래를 위해 준비하고 있는 프로젝트가 있나요?

 저는 성우 콘텐츠 사업을 더욱 확장하고 싶어요. 저희 프로그램이 어린이 방과 후 교실로 먼저 시작했지만, 앞으로는

'보이스투보이스' 성우 캠프 아이들과 함께

어린이뿐만 아니라 노인들을 대상으로 하는 실버산업까지 영역을 넓히면 좋을 것 같아요.

더빙을 직접 해보지 않은 분들은 잘 모르겠지만, 더빙은 다양한 긍정적인 효과를 가져다줘요. 성취감을 통해 자기효능감이 향상되고, 카타르시스를 경험하며 감정을 정화할 수 있어요. 또한, 대리만족을 느끼며 정신적인 치유까지 얻을 수 있죠. 한번 애니메이션 더빙을 통해 성취감을 맛본 사람들은 마치 중독된 듯 끊임없이 더빙에 매료될 수밖에 없어요.

지금까지는 성우들만이 누려왔던 더빙의 즐거움을 많은 사람이 함께 느낄 수 있도록 하고 싶어요. 성우 콘텐츠를 활용하여 힐링, 자존감 향상, 의사소통 능력 향상 등 다양한 목표를 달성할 수 있는 프로그램을 개발하고 싶어요. 또한, 언어 교정, 발음 교정, 스피치 훈련을 받고 싶어 하는 사람들에게도 유용한 서비스를 제공할 수 있도록 관련 사업 계획을 구상 중이고요.

궁극적으로 더빙을 통해 많은 사람이 즐거움을 느끼고, 직접 체험하며, 풍부한 경험을 쌓을 수 있도록 사업을 발전시켜 나가려고 계속 노력 중이에요.

청소년들의 진로와 직업 탐색을 위한
잡프러포즈 시리즈 05

목소리로 세상을 두드리는

성우

2025년 03월 25일 | 개정판 1쇄

지은이 | 김지혜
펴낸이 | 김민영
펴낸곳 | 토크쇼

편집인 | 박가영
표지디자인 | 이든디자인
본문디자인 | 김정희
마케팅 | 신성종
홍보 | 이예지

출판등록 | 2016년 7월 21일 제 2023-000173호
주소 | 서울시 마포구 월드컵북로 98, 2층 202호
전화 | 070-4200-0327
팩스 | 070-7966-9327
전자우편 | myys327@gmail.com
ISBN | 979-11-94260-27-1 (43190)
정가 | 15,000원